原 貫太
フリーランス国際協力師

あなたと SDGs をつなぐ「世界を正しく見る」習慣

KADOKAWA

はじめに
便利な生活は誰かの犠牲の上に成り立つ

「知らないほうが、幸せに生きられたかもしれない」

遠く離れた国で起きている貧困や紛争が、日本に暮らす私たちとも無関係ではないこと、いや、**むしろ私たちがその原因を作り出していること**を知るたびに、そんなふうに感じてしまいます。

例えば「スマートフォン」です。

家族や友達と連絡を取ったり、インターネットで調べものをしたり、SNSを使ったりと、スマートフォンは私たちの生活に不可欠な存在になりました。

毎年新しい機種が発表され、日々進化しているテクノロジーを見ていれば、私たちの生活はこれ以上ないほど豊かになった気がします。

しかし、スマートフォンの「中」に使われている鉱物が、実はアフリカのコンゴという国で紛争が続く原因になっているかもしれない。しかもそこでは、児童労働や女性たちに対するレイプすらも行われている……。

私たちが「便利」だと思っている生活の裏側で、実はそんな問題が起きていることを知っているでしょうか。

服や食べ物にも、同じことが言えます。

ファストファッションが普及したおかげで、どこでも安価に服を手に入れられるようになりました。また、効率性を重視した工業型畜産のおかげで、スーパーマーケットに行けばいつでも新鮮な肉を買えるようになりました。

では、普段私たちが着る服や口にする食べ物は、いったいどこで、誰が、どのように生産し、そして社会や環境にどんな負担をかけているのか。立ち止まって考えたことはあるでしょうか。

目の前の生活だけを見ていれば、私たちは快適な社会に暮らしているように思えます。**でも、私たちが当たり前のように享受してきた「便利な生活」というのは、途上国の貧しい人たちや地球環境の「犠牲」の上に成り立ってきた事実があるのです。**

さらに言うと、先進国の人間たちによる「寄付」も、問題の原因になっています。

アフリカの貧しい子どもたちは、お金がなくて服や靴を購入できない。だから恵まれた国に暮らしている私たちが、使わなくなった服や靴を寄付してあげる。

子どもたちはタダで物を手に入れられ、私たちは不要になった所持品をリサイクルできる。物を寄付することは、立派な社会貢献なんだ……。

このような話は、何となくでも理解している人が多いはずです。

しかし、実はその〝善意〟による寄付がアフリカの地元産業を破壊し、現地の人

たちに〝迷惑〟をもたらしてきた。そのような負の側面があることは、ほとんどの方が知らないのではないでしょうか。

こういった「善意の寄付が貧困をもたらす問題」のように**「良いこと」だと当たり前に信じ込んできたことの裏側で、実は別の新たな問題が生まれている。**そんな現実を知ってしまうと、私たちの世界に対する見方は180度変わります。

世界と自分の〝繋がり〟を知れば、きっとあなたも、今の社会のあり方に疑問を感じてくるはずです。そして私たちは、「何か」を変えることを求められます。

「世界の問題」を発信し続ける意味

私はフリーランス国際協力師の原貫太と申します。

これまで私はユーチューブを使い、アフリカをはじめとした世界の貧困や紛争、環境問題について発信してきました。

ありがたいことに登録者数は10万人に迫り、社会問題をテーマにしたチャンネルとしては、多くの方に関心を持っていただけるようになりました。

「原さんが世界の問題について発信し続ける『原動力』は何ですか？」

ユーチューブをやっていると、よく聞かれる質問です。これに答える前にまず、私がアフリカで携わった難民支援の活動について説明させてください。

私は大学生の時、アフリカの「南スーダン」という国から隣国のウガンダに逃げてきた難民の支援に関わっていました。当時は紛争が激しくなって間もない頃です。着の身着のまま母国から逃げてきた難民の方たちには、生きていく上で必要な物が何から何まで足りていませんでした。

そんな現場を目の当たりにした私は、必死になって資金や仲間を集め、食料や衛生用品などの支援物資を４００人以上の難民に届けることができました。

しかし、南スーダンは当時「世界で最も深刻な状況」と呼ばれたこともあり、紛争で家を追われ、避難生活をしている人が全部で200万人以上もいたのです。正直に言うと、私の心には無力感も芽生えていました。

「これだけ頑張って現地で活動しても、助けられたのは200万人のうちたった400人か……」

誤解のないように言っておくと、難民支援の活動に意味がないわけでは決してありません。衣食住すらままならない方を支える活動は非常に大切ですし、支援をした多くの方から「助けてくれて本当にありがとう」と感謝の言葉をいただきました。

しかし、アフリカの現場で貧困問題に取り組んでいると、次のようなジレンマにも直面します。

「私がやっている支援活動は、結局はその場しのぎの〝対症療法〟に過ぎないのではないか。そもそもの原因にアプローチをしない限り、世界からいつまでも貧困は

なくならないのではないか」

これは何も、アフリカの問題に限った話ではありません。「社会問題」と呼ばれるものには、必ずどこかにそれを生じさせている原因があります。

その原因を構造的に理解し、取り除く努力をしなければ、一つの問題が解決したとしても、また別の新たな問題が生まれてしまうはずです。

だからこそ、世界と自分がどのように繋がっているのかを知り、そして行動を起こす人を増やしていく。それこそが、本当の意味で社会問題を解決することに繋がるのではないか。

このような考えがあるからこそ、私は発信をし続けています。

問題意識のないSDGsへの違和感

SDGs（Sustainable Development Goals）という言葉が少しずつ知られてきました。テレビや新聞、または仕事や学校の授業を通じて、一度くらいは聞いたことがあるのではないでしょうか。

「持続可能な開発目標」を意味するSDGsでは、貧困や飢餓、教育、エネルギー、環境問題、気候変動など、21世紀の国際社会が抱える地球規模の課題が包括的にまとめられています。

SDGsの大きな特徴は、途上国や先進国の区切りに関係なく、**全人類が一丸となって取り組むべき目標**として構成されていることです。政府や国際機関だけではなく、民間企業や私たち一人ひとりも目を向けることが求められています。

それゆえに近年は、ビジネスや教育現場など、様々な場面でＳＤＧｓという言葉を耳にするようになってきました。これまでアフリカの貧困の現場で国際協力活動に関わってきた者として、ＳＤＧｓの認知度が高まり、世界に関心を持つ人が増えるのは嬉しいことです。

その一方で、ＳＤＧｓを取り巻く昨今の風潮には、どこか違和感を覚えてしまう自分もいます。**なぜなら、ＳＤＧｓに関する議論のほとんどが「ＳＤＧｓにどうやって関わるか？」からスタートしているからです。**

ＳＤＧｓの標語や内容に対する認知度は高まってきました。「ＳＤＧｓ経営」を意識する企業や、「ＳＤＧｓ理解」の授業をする学校も増えています。そのような社会の流れ自体は、決して悪いことだとは思いません。

しかし、「ＳＤＧｓに取り組もう！」「貧困や環境問題を解決しよう！」と外から教え込まれたところで、もしもそれに取り組む人たちの自発的な意思が欠けていたとすれば、それは〝本質的な社会貢献〟とは呼べないのではないでしょうか。

私たちがまず初めにやるべきなのは、ＳＤＧｓの先にある社会問題と自分の繋がりを知り、内から湧いてくる問題意識を持ってＳＤＧｓに目を向けることです。

そのために本書では、**「世界の問題と私たちの繋がり」**を大きなテーマとしました。

私たちの何げない日々の生活や行動が、巡り巡って遠くの国で暮らす人たちの苦しみに繋がってしまっている。そんな現実を知れば、自然と自分の中から問題意識が湧き上がり、自発的な意思で世界に目が向くはずです。

そしてその先に、「ＳＤＧｓに関わる」という一つの選択肢が見えてきます。

思い込みをなくして世界を正しく見る

本書には「世界の問題と私たちの繋がり」に加えて、もう一つ大きなテーマがあります。それが**「世界を正しく見る」**です。

ネット上を中心に、現代社会には様々な情報や意見、憶測が飛び交っています。

「どの情報が正しいのか？」

「誰の意見を信じればいいのか？」

そんなふうに迷った経験がある方も少なくはないでしょう。

世界と自分の繋がりを意識する。そのために必要なのは、何となくのイメージや断片的な知識を頼りにすることではなく、**事実とデータに基づいて世界を正しく見る習慣です。**そのために私が意識していることも紹介します。

本書は累計100万部を突破したベストセラー『FACTFULNESS（ファクトフルネス）10の思い込みを乗り越え、データを基に世界を正しく見る習慣』（日経BP）共訳者の上杉周作さんをはじめ、各分野の専門家や様々な有識者の方に監修していただきました。

この本を読み終えた頃には、これまでは「どこか遠くの世界の出来事」で終わっていた話が、「私の生活の延長線上にある出来事」に変わるはずです。

どれだけ大きな社会問題も、すべては「知る」ことから始まります。勇気を持って、世界へと続く扉を開けましょう。

目次

第2章 「衣服ロス」から考える大量廃棄社会 59

第3章 肉食が水不足に繋がる「不都合な真実」 91

第4章 世界最悪の紛争とスマートフォン

第5章 データをもとに「アフリカ」を正しく読み解く

第6章

なぜ近年、日本で貧困が叫ばれるのか

ブックデザイン　山之口正和、沢田幸平（OKIKATA）
イラスト　岡野賢介
DTP　エヴリ・シンク
校正　鷗来堂
編集　金子拓也

第1章

アフリカはなぜ今も経済的自立ができないのか

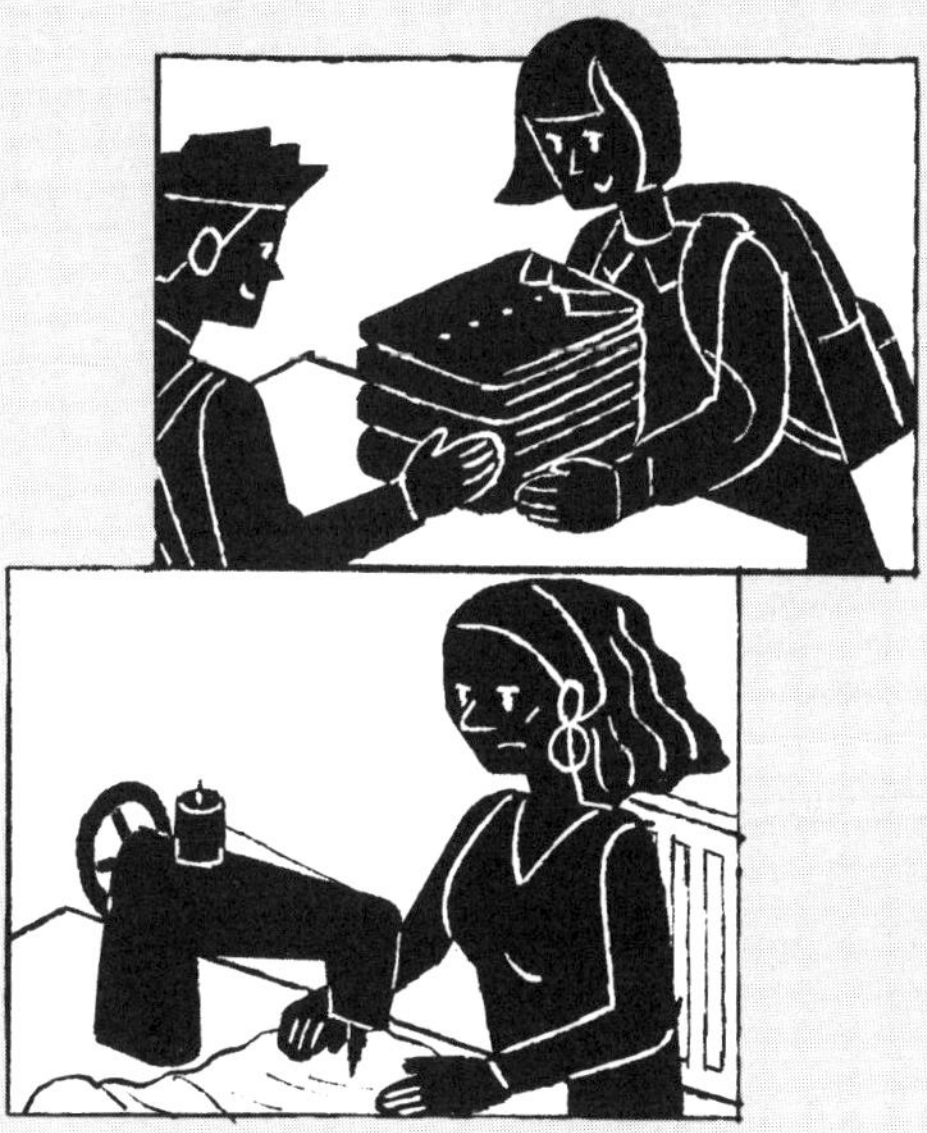

「要らなくなった服や靴を貧しい人に寄付しよう」

テレビや本で途上国の実情を知り、そんな〝善意〟の気持ちが芽生えた経験のある方もいるかもしれません。

私自身もこれまで「サイズが小さくなって着られなくなった子どもの服を、アフリカに寄付したい」といったメールを何度も受け取ってきました。

貧しい国に暮らす人たちは服や靴に困っているのだから、先進国から中古の物品を送ってあげるのは正しいことなんだ。そのように信じ込んでいる人もいるかもしれません。

しかし、実は善意のつもりでやっていた寄付が、途上国の人たちの自立する力を奪い、彼らがいつまでも貧困から脱却できない原因になっている――。そんな実態があることを、あなたはご存じでしょうか。

先進国においてリサイクルやチャリティの名目で回収された古着、さらには消費者が買い物を通じて寄付した靴が、途上国でどんな影響をもたらしているのか。本章では、そういった私たちの〝善意〟の行方を見ていきましょう。

24万トンの服が毎年海外へ輸出されている

タンスの中にずっと眠っていた服。サイズが合わなくなった子ども服。穴が開き、糸がほつれてしまった服。

そんな古着[※1]を自治体の回収事業に出した経験のある方は多いでしょう。最近は大手アパレルメーカーの中にも、消費者が着なくなった古着を店頭で回収する企業が出てきました。

けれど、リサイクルという名目で回収された私たちの古着は、その後どこに行っているのでしょうか？

実は先進国で集められた大量の古着は、その多くが国外に輸出されているのです。[※2]国連の統計によれば、２０１６年にはアメリカから75万トン、ドイツか

※1 厳密には、アパレル業界内では古着と中古服は区別されることがある。古着が古着屋で取り扱えるクオリティの商品である一方、中古服は古着としてのクオリティやブランドとしての価値がない服として認識される。
ただし、古着と中古服のクオリティの違いに明確な線引きがあるわけではなく、また海外に輸出される衣服には様々なクオリティの服が交ざっていることから、ここでの「古着」は「過去に着用されたことのある衣服」という広く一般的な意味として使っている。

※2 朝日新聞ＧＬＯＢＥ＋「大量の古着、いったいどこへたどった先で見た驚きの『古着経済』」（２０１８年12月６日）〔https://globe.asahi.com/article/11989591〕

ら50万トン、イギリスから35万トン、そして日本からは24万トンの古着が海外に送られています。

男性用半袖Tシャツ1枚当たりの重さが約200グラム。つまり**単純計算でも1年間にTシャツ約12億枚分、一人当たりなら約10着分の古着が日本から海外に輸出されている**ということです。

「海外」とはいっても、他の先進国ではすでに古着が余っています。ファストファッションが浸透し、大量生産・大量消費が当たり前だからです。**そのため、先進国で回収された古着は途上国、そしてその多くは最終的にアフリカへ辿り着くのです。**

このような古着の輸出は先進国では一大産業になっていますが、転売という形だけではありません。**本章のテーマでもある「寄付」という名目で、アフリカに送られている場合もあります。**

アメリカやヨーロッパ、さらには日本でも、自治体や企業、チャリティ団体が古着を回収し、アフリカの貧しい人たちに寄付をする。そんな活動を耳にしたことがある方もいるのではないでしょうか。

古着の「最終処分場」となるアフリカの実態

先進国の人たちは不要になった古着を処分できて、アフリカの人たちは安価、もしくはタダで古着を手に入れることができる。互いに助かっているのだから、ウィンウィンじゃないか。そのように感じるかもしれません。

もちろん古着の輸出が現地にメリットをもたらすこともあります。例えば難民キャンプなど物資が圧倒的に足りていない地域であれば、先進国から輸入された古着を手に入れることができれば、一時的には助かる人も多いはずです。

しかし、「アフリカでは服が足りていないのだから、先進国から古着を送ってあげれば現地の人たちが助かる」というのは、必ずしも正解とは呼べないようです。

ケニアやウガンダ、タンザニアなどが構成している東アフリカ共同体では、[※3]古着や靴の輸入額は1億5100万ドル以上（2015年、日本円に換算すると約170億円）、ケニアだけでも毎年約10万トンの古着が輸入されています。

技術面で進んでいる先進国側でさえも、大量に余っている古着を処理しきれていないわけですから、ゴミ処分場などの施設が不十分なアフリカの国々で、[※4]大量の古着を処理することは到底できません。

実際に私が活動するウガンダでも、街中の至る所で先進国から輸入されたと思われる古着が山積みになって売られていますし、処理しきれない大量の古着が現地の環境問題に繋がっているという話も耳にします。他にも、西アフリカ[※5]のガーナでは毎週1500万着の古着が輸入されていますが、近年はファスト

※3 Africa Renewal, Protectionist ban on imported used clothing〔https://www.un.org/africarenewal/magazine/december-2017-march-2018/protectionist-ban-imported-used-clothing〕

※4 筆者が活動するウガンダ共和国でもゴミ問題が深刻になっているが、その根本的な原因は現地の人たちのゴミ処理に関する意識の低さに加えて、日本のような廃棄物処理に関する公共サービスが欠如しているから。
ウガンダでは現時点でも至る所にゴミが散乱しているため、先進国から輸入された古着が行き場を失え

ファッションなど低品質な古着が占める割合が増えており、売れなかったものは最終的に埋立地へ流れ着いています。ガーナに輸入されている衣服の約４割が埋め立て処分されていると考えられているのです。

このような状況を受けて、アフリカの国々の中には、自国の繊維産業を保護するためにも、先進国からの古着輸入を禁止しようとする国も出てきました。東アフリカ共同体は２０１６年、地域内の衣料品産業や繊維産業を保護・成長させるために、国外から輸入される古着の関税を段階的に引き上げ、２０１９年までに古着の輸入を禁止することで合意していました。

これに対して「自由貿易協定に反する」と猛反発したのが、古着輸出大国のアメリカです。

アメリカにとっては、自国で行き場を失った古着の「最終処分場」を失うわけにはいきません。※6 アメリカの古着業界団体は「アメリカ人が捨てた衣服は海外で販売されなければ、アメリカ国内の埋め立て地に行きつき、環境破壊を引

ば、今後ゴミ問題がさらに深刻化するかもしれない。

※5 ＢＢＣ ＮＥＷＳ「ファストファッションの末路……不必要になった衣服の埋め立て地」（２０２１年10月8日）〔https://www.bbc.com/japanese/video-58839356〕

※6 AGOA.info, Used-clothing trade causes contention between US and East African nations〔https://agoa.info/news/article/15277-used-clothing-trade-causes-contention-between-us-and-east-african-nations.html〕

き起こすことになる」と警鐘を鳴らしました。

また、一つの産業と化している古着の輸出ができなくなれば、アメリカ国内で多くの失業者が出る可能性があります。同団体は、衣類の仕分けや梱包など、4万人のアメリカ人の雇用が危険にさらされると訴えました。

その結果、アメリカは東アフリカ共同体に対して、関税を免除することでアメリカへの輸出を支援し、アフリカの経済成長に繋げる「アフリカ成長機会法」[※7]を停止することを示唆。**つまりは超大国アメリカ[※8]に貿易制裁のプレッシャーをかけられる形で、アフリカの国々による古着の輸入禁止の試みは失敗に終わりました。**

アフリカの人たちの「先進国依存から脱却したい」という思いは頓挫し、今なおアフリカは古着の「最終処分場」にさせられたままなのです。

※7 アフリカ諸国との貿易促進を目的に2000年に制定されたアメリカの法律。対象となるサハラ砂漠以南のアフリカ諸国からの免税輸入品目を拡大することで、アフリカの経済成長や政治・経済の改革を促すことが目的。略称はAGOA(African Growth and Opportunities Act)。

参考：OFFICE OF THE UNITED STATES TRADE REPRESENTATIVE, African Growth and Opportunity Act (AGOA)

1枚6円の古着が土着の産業をつぶす

先進国にとって、アフリカが古着の輸出先になってくれるのは、とてもありがたいことです。本来は自国で処理するべきコストを削減できるうえに、古着の輸出自体が一つの産業となり、貿易収支や雇用を増やすことができるのですから。

ましてや「アフリカの貧しい人たちを助けよう」といったチャリティの名目で古着を回収すれば、その企業や団体のイメージアップにも繋がるかもしれません。

しかし、アフリカをはじめとした途上国は、先進国から送られてくる大量の古着によって地元の産業が破壊される問題に悩まされてきました。

(https://ustr.gov/issue-areas/trade-development/preference-programs/african-growth-and-opportunity-act-agoa)

※8 唯一アメリカからのプレッシャーに屈しなかったのがルワンダ。古着1kg当たり0・2ドルから2・5ドルに引き上げた関税を維持し、2018年7月に「アフリカ成長機会法」の適用から除外されている。ルワンダ大統領のポール・カガメは2018年6月に「アフリカはどんな中古品のゴミ捨て場になる必要もない」と述べている。このことからも、アフリカが長らく先進国にとっての古着の輸出先となってきたことに強い問題意識を持っていることがうかがえる。

参考：VICE News, The U.S. Is Fighting Rwanda Over Trading Used Clothes(HBO)(https://youtube.com/watch?v=)

転売にせよ、寄付にせよ、先進国から古着が大量に送られてくれば、現地の人たちはそれらを格安、またはタダで手に入れることができます。

例えば私が活動するウガンダ共和国では、とある市場で国外から輸入された古着が山積みになって売られています。**これらの古着は、日本円にして1枚6円で販売されているのです。**

いくら現地の人たちが経済的に貧しい生活をしているからといって、1枚6円というのは、あまりにも安すぎます。

そもそも古着というのは、先進国側で「捨てられるはずだった服」なわけですから、輸出や移送にかかるコストを抜けば、ほとんどタダ同然です。

先進国から大量に流入してくる安価な古着によって、迷惑を被っているのが現地の仕立て職人や繊維産業に従事する人たちです。

ウガンダにて1枚6円で売られる古着

アフリカの多くの国々では、ミシンを使って自分で服を生産したり、繊維工場を経営したりすることで生計を立て、自立した生活を送ろうとしている人たちがいます。

しかし、そういった人たちがいくら頑張って商品を作ったとしても、国外からタダ同然で入ってくる古着には到底太刀打ちできません。

衣服ではありませんが、途上国に対する食糧援助においても、同じような問題はたびたび起きてきました。

例えばある国で自然災害や紛争が発生すると、国外から大量の食糧援助が入ってきます。もちろん自然災害や紛争が発生した直後の国では、栄養不良や飢餓も深刻な問題となるため、緊急的な食糧援助も必要です。

しかし、需要と供給のバランスを考えればわかるように、無料の食糧援助があまりにも大量、かつ長期的に流入してきてしまえば、その地域における食料価格は下落してしまいます。

例えば中南米の島国ハイチでは、2010年1月に発生した大地震によって壊滅的被害を受けた後、アメリカをはじめとした先進国から大量の米が援助として流入してきました。

ですが、地震が発生してから数年が経っても、なお海外から米が届けられていたのです。その結果として、現地で農業に携わっていた人たちは自分たちの生産する米が売れなくなってしまい、多くの失業者が出ました。[※9]**海外からの援助が、ハイチの米を自給自足する力を奪ってしまったのです。**

[※10]それと同じようなことが、古着の現場でも起きていると言えます。

※9 ハイチでは他にも、地震発生後に海外の援助団体から大量の太陽光パネルが無料で寄付されたことによって、元々現地で太陽光パネルを生産・販売していた企業の商品が売れなくなってしまったという問題も起きている。
参考：映画『ポバティー・インク〜あなたの寄付の不都合な真実』

※10 近年のアフリカには古着だ

地元で生産される服よりも、輸入された古着は安く手に入る上に、日常生活で着用する分には問題ないクオリティの服も多いです。また、輸入された古着の修繕をしたり、販売したりすることで生計を立てている人もいるため、先進国からの古着が現地に雇用を生んでいる側面は否定できません。

その一方で、先進国からタダ同然の古着が大量に輸入されれば、現地の消費者はそちらに流れてしまい、地元の繊維産業が成長することは妨げられてしまいます。実際にアフリカでは、先進国から大量に流入してくる古着のせいで地元の衣類製造工場が閉鎖に追いやられ、繊維産業に携わっていた多くの地元民が職を失ってきました。

例えばガーナ[※11]では1975年から2000年にかけて繊維・衣料品関連の雇用が80％減少しており、ザンビアでは1980年代には2万5000人だった労働者が、2002年には1万人を下回っています。

けではなく、新品の衣服も大量に輸入されている。特に2000年代以降は中国によるアフリカ進出が進み、筆者が活動するウガンダでも、至る所で中国産の衣料品を目にした。海外から新品の衣服が輸入されることで現地の産業が脅かされている側面もあるため、必ずしも古着だけが悪というわけではない。しかし、先述したように、アフリカの中には古着の輸入に規制をかけ始める国もあり、現地の仕立て職人からは「古着のせいで作った服が売れない」といった悩みも耳にするため、海外から転売、または寄付される古着が現地の産業を破壊している問題は、ほぼ間違いなく起きていると言っていいだろう。

※11 The African Textile and Clothing Industry: From Import Substitution to Export Orientation〔http://library.fes.de/pdf-files/iez/03796/02article.pdf〕

私が国際協力の活動をしてきたウガンダでは、衣料品購入の81%は古着が占めていると言われています。[※12] 実際に現地で目にしていた衣類のほとんどは国外からの古着でしたし、この数字は体感的にもそれほど大きく逸れているとは思いません。洋裁ビジネスをするウガンダの女性からは「古着のせいで地元で生産される服は売れにくい」といった悩みを耳にすることもありました。

もしも現地の人たちが国外から輸入された古着ではなく、地元で生産された服を購入していれば、何が違っていたでしょうか。おそらく地域の経済が回り、現地の雇用が増え、**先進国からの「お下がり」に依存しない自立した経済体制を作ることができていた**はずです。

善意の寄付がアフリカの経済的自立を奪う

先述したように、アフリカに輸入される古着には転売されたものだけではなく、寄付という名目で流入してくるものも多々あります。

※12 BBC NEWS, Why East Africa wants to ban second-hand clothes〔https://www.bbc.com/news/world-africa-35706427〕
Clothing Poverty: The Hidden World of Fast Fashion and Second-Hand Clothes, Andrew Brooks, 2015, Zed Books

このような善意の寄付が、現地の発展を妨げうるという問題を批判したドキュメンタリー映画に『ポバティー・インク〜あなたの寄付の不都合な真実〜』があります。日本では2016年に公開され、援助業界や社会起業家界隈[※13]では大きな話題になりました。

『ポバティー・インク』の中で取り上げられていたのが、途上国に対する靴の寄付です。「貧しい国の子どもたちは靴を購入できず、裸足で危険な生活を送っている。だから靴を寄付してあげよう」。こういった、衣服以外にも靴を寄付するという話を耳にしたことのある方もいるかもしれません。

『ポバティー・インク』の中では、アメリカ発の靴メーカー「トムスシューズ」による『One for One』という取り組みが批判されています。『One for One』は、先進国の消費者が靴を一足購入すると、途上国にもう一足が送られるという寄付の仕組みです。

※13 社会起業（ソーシャルビジネス）とは、現代社会が抱える様々な問題を解決することを目指した事業を行うこと。活動資金の大部分を寄付に頼るチャリティ団体やNPOとは違い、事業を通じて得た利益を使って活動を続けていくことも定義の一つとされている。

自分が靴を買うと、途上国の貧しい子どもにも靴が寄付され、彼らは裸足の危険な生活から解放される。一見すると、こういった取り組みには良い印象を持つ人が多いでしょう。実際に「優れたソーシャルビジネスだ」と、社会的に高い評価も受けていました。

同じように、先進国で何か商品を買うと、それと同等の物が途上国にも寄付される取り組みは、様々な企業やチャリティ団体によって広く行われています。

このようなキャンペーンの広告で使われるのは、例えば先進国から寄付されてきた靴を、満面の笑みで受け取っている現地の子どもたちの写真です。こういった写真を見れば、消費者の人は「買い物を通じて社会貢献できた」と感じるかもしれません。

しかし、冷静に考えてみてください。もし先進国から質の高い、そしてカッコよくデザインされた靴が寄付されてくればどうなるか。現地でビジネスをしている靴職人の競合相手は、他の靴職人ではなく、国外から寄付される靴になってしまいます。

先進国から寄付された靴が無料で手に入るのであれば、誰だってそれを選ぶでしょう。現地の靴職人にとって、先進国から届けられる寄付に競り勝つのは並大抵のことではありません。

何もしなくても先進国から質の高い靴が無料で入ってくるわけですから、市場原理も働かず、地元の人たちにとってクオリティの高い靴を作るメリットが少ない。**このように、アフリカの国々は先進国からの寄付や援助に依存させられ、いつまでも自立できないという構造になっているのです。**

「なぜアフリカの人たちはいつまでも助けを必要とするのか？」「なぜ先進国依存の体制から脱却し、自立することができないのか？」と、疑問を持ったことのある方もいるかもしれません。

物を与える先進国からの寄付や援助が現地に依存を生み出し、それが地元の人たちの自立を妨げてしまっている側面もあるのです。

また、このような寄付にはもう一つ大きな問題があります。それは**「寄付は突然やってくる」**というものです。

先進国から寄付された大量の靴や服、文房具などを積んだトラックが到着すれば、現地で同等の物を生産・販売するビジネスをしていた人たちは、その後しばらくは商品が売れにくくなってしまいます。

ある日突然やってくる先進国からの寄付に、現地でビジネスをやっている人たちは振り回されるわけです。これでは安定した事業計画を立てることも難しいでしょう。

善意の寄付が一時的な助けになることは間違いありません。グローバル化が進んだ現在の世界において、他国に全く依存しない国を作ることは不可能ですし、アフリカには国外からの助けを必要とする国や地域もいまだ多数存在します。

しかし、相手に物を与え、一時的な施しをするだけの寄付や援助ばかりでは、長期的にはアフリカの自立する力を奪い、先進国に依存させてしまうかもしれない、という点も見落としてはいけません。※14

先進国への行き過ぎた依存は、アフリカの発展において様々な障壁になります。この問題については、後ほど考えてみます。

ニーズがない寄付はゴミを押し付けるのと同義

善意でやっていた寄付のつもりが、むしろ相手に迷惑をかけてしまっている。このようなケースは他にもあります。

例えば、**自分たちの都合しか考えておらず、現地のニーズや状況を無視している寄付も同様です。**

そもそも寄付は、現地のニーズがあってこそ成り立つものです。現地に何も

※14 現在トムスシューズは「One for One」の寄付モデルから離れ、利益の3分の1を地域社会で活動する草の根団体の支援に充てる寄付モデルへと移行している。〔https://www.toms.com/us/impact.html〕

ニーズがないにもかかわらず物を送っていたら、それはゴミを送りつけているのと同じです。

最終的にそのゴミを処理することになるのは現地の人たちなので、処理をするためにお金や時間がかかり、結果的にマイナスの影響しかもたらすことができません。

途上国に対する寄付でよくある問題として、一年中気温の高い地域に厚手のコートが送られたり、紛争が起きている地域に迷彩柄の服が送られたりするケースがあります。

私たちが夏場は半袖一枚で過ごすように、気温の高い地域に厚手のコートが送られてくれば、誰の手にも渡ることなく、ゴミになってしまうことは最初から目に見えています。

紛争が起きている地域に迷彩柄の服が送られてきたらどうでしょう。紛争のトラウマに苦しんでいる方なら、まるで軍服が送られてきたように感じてしまい、精神的にショックを受けてしまうかもしれません。

また、チャリティだからといって、とてつもなく汚れた古着を寄付しようとする人もいます。中には「アフリカの貧しい人たちに渡すのだから、もらえないよりはマシだろ」と考えている人もいるみたいです。

ですが、現地の人たちも僕たちと同じ人間なのですから、できれば綺麗なものを着たいと考えるのは当たり前のことです。

実際にやるかやらないかは別にして、**「とりあえず要らなくなった物を送る」といった考えを持ってしまうのは、心のどこかでアフリカの人たちを見下してしまっているからかもしれません。**

善意が生み出す迷惑は気づかれにくい

善意のつもりでやっていた寄付が、実はアフリカの人たちの自立する力を奪っていた――。

このような話をすると、ショックを受けられる方も多いです。もしかしたらここまで読んで、気分を害された方もいるかもしれません。

私自身もこれまで、「使っていない服や靴をアフリカに寄付したい」といった申し出をたくさん受けてきましたが、こういった連絡をくださる方のほとんどは、心からの善意の気持ちで支援したいと言ってくださいます。

その善意自体を否定するつもりはありません。そもそも善意がなければ、海外の貧困問題に目が向くこともないはずです。

しかし、善意というのは、時に悪意よりも恐ろしいものになりえます。なぜなら、善意によって行われる行為は、それが誰かを苦しめることに繋がっていたとしても、そのことに自分では気づきにくいからです。

途上国の話ばかりではイメージしにくい部分もあると思いますので、ここでいったん、日本国内の被災地に目を向けてみましょう。

特に被災地で問題になりやすいのが、善意を押し付けてくる寄付やボランティアです。

２０１６年に熊本地震が起きた際には、阪神・淡路大震災や東日本大震災を教訓にして、ＳＮＳ上で「被災地で要らないものリスト」が拡散されました。

要るものではなく、要らないものリストであることに注意してください。**そのリストの中には、千羽鶴が含まれていたことで賛否両論の議論が起こったのです。**

千羽鶴を寄付する人たちは、被災者の方たちにお見舞いの気持ちを示そうとしているのかもしれませんが、**残念ながら千羽鶴が被災地の実生活で役に立つことはありません。**

でも、せっかく善意の気持ちで送ってもらった物だからこそ、捨てるのも気が引けてしまい、最終的にどのような形で処理をすればいいのか、被災者の方たちが困ってしまう。

善意で送られていたはずの千羽鶴が、実は被災地にとって迷惑になっていた、という話です。

他にも、例えば東日本大震災の際には「心のケア」[※15]を断る避難所もあったと言われています。

被災地ボランティアの中には「心のケアをします」「お話し相手になります」といった目的で訪問する人もいたのですが、逆に被災者の方が辟易してしまっていたのです。

寄付やボランティアをしようと思う最初のきっかけは、困っている人の力になりたいという善意でしょう。**しかし、善意のもとに行った活動が相手に迷惑をもたらしていたとしても、そのことに自分から気づくことは難しいです。**

身近な事例として考えてもらえるように、日本国内の被災地における事例を取り上げてみましたが、善意の気持ちでアフリカに送られる服や靴も、本質的には同じ問題が起こりえます。

ましてやアフリカは、物理的にも心理的にも距離が遠く、手に入る情報も限

※15 ヨミドクター「被災地　心のケア（5）寄り添う姿勢が原点」（2011年6月22日）〔https://yomidr.yomiuri.co.jp/article/20110622-OYTEW58028/〕

られています。そんな場所において、私たちの善意が最終的にどんな帰結をもたらしているのか、想像力を働かせて考えてみたことがある人は少ないはずです。

アフリカの自立を妨げてきた国際社会

善意で行われてきたはずの寄付が、実はアフリカの人たちの立ち上がる力を奪ってきた。先進国からの援助にいつまでも依存させ、自立できない原因を生み出してきた。

そのことに、私たちは何十年もの間、気づくことができていませんでした。

なぜこのようなことが起きてしまっているのか。**その根本的な原因には〝あの人たちは無力で何もできない〟という、先進国側の固定観念があるからではないでしょうか。**

あの人たちというのは、今回で言えばアフリカの人たちを指します。

私たちの中には「アフリカは貧しく、困っている存在だ」というイメージが強く根付いているからこそ、「あの人たちは常に助けを必要としている〝か弱い〟存在」「先進国に助けてもらわなければ何もできない」と、どこか彼らの存在を下に見てしまっている部分があるように感じます。

このような固定観念は、何も私たち一人ひとりの中に存在しているという話だけではなく、もっと大きな国際社会レベルにおいても存在しています。**いや、むしろ個人レベルの話なんかよりも、こちらのほうがよほど深刻だといえます。**

世界史の授業でも習ったように、アフリカの国々は20世紀中頃まで、ヨーロッパの植民地として支配され続けてきました。

ようやくアフリカがヨーロッパによる支配から抜け出し始めたのが、１９６０年頃です。この年にはフランス領植民地を中心に17か国が一気に独立し、「アフリカの年」とまで呼ばれます。

さらに1980年[※16]には、資源と原料を搾取され続け、先進国に依存している経済体制から脱却することを目指し、アフリカによるアフリカのための包括的な開発計画「ラゴス行動計画」が作られました。**アフリカの国々の中にも、先進国に依存させられるだけの従属関係から脱却しようと、立ち上がる人たちがいたのです。**

このラゴス行動計画では、資源や原料といった一次産品の輸出や、先進国との貿易だけに依存することを減らし、アフリカ域内での貿易を増やすことや自給自足経済の確立など、アフリカ大陸全体の自立が目指されましたが、**その根底には「植民地支配から脱却した後も、アフリカの国々は先進国に従属させられたままだ」という問題意識が存在しました。**

このラゴス行動計画は、その後、世界銀行や国際通貨基金などが主導した「構造調整プログラム」によって頓挫してしまいます。

※16 小川真吾『ぼくらのアフリカに戦争がなくならないのはなぜ？』(合同出版)

この構造調整プログラムとは、どんなものだったのか。簡単に説明すれば、**「アフリカの貧困問題がなくならず、いつまでも発展できない原因はアフリカの中（国内政策）にあるのだから、先進国が援助をしてあげる代わりに経済政策の指導を受けよ」**[※17]という、先進国側からの提案でした。

まるでアフリカの人たちが立ち上がろうとしたのを再び上から押さえつけ、彼らを先進国からの助けがなければ何もできない存在として見ているかのようです。

では、先進国側から突き付けられた構造調整プログラムを受け入れたアフリカの国々は、貧困から脱却することができたのでしょうか。

現実はむしろ、逆の方向に進みました。先進国で需要のある資源や原料などの一次産品の輸出を促進する政策が進められた一方で、「各国政府の債務を改善するため」という名目で公共料金が引き上げられたり、国内の教育や保健医療、福祉への支出が切り詰められたりしたことによって、アフリカで大多数を占める貧困層の生活はさらに苦しくなってしまいました。

※17 小川真吾『ぼくらのアフリカに戦争がなくならないのはなぜ？』（合同出版）

先進国に従属させられた体制から脱却しようと試みたにもかかわらず、むしろアフリカの人たちは、それまで以上に先進国に依存しなければ生きられなくなってしまったのです。

また、この時期には世界銀行や国際通貨基金の主導によって自由貿易政策も進められ、その一つの結果として、先ほども紹介したように国外から大量の古着が輸入されることになりました。

本来であれば繊維産業というのは開発がしやすく、途上国が経済成長への道を踏み出し、自立した経済体制を作るための最初のきっかけになりやすいと言われています。

それにもかかわらず、先進国から大量の古着が輸入されるようになったことで、現地の繊維産業は打撃を受け、地元の雇用機会も奪われ、アフリカの国々の立ち上がる力は押さえつけられてしまいました。

このような「植民地支配が終わった後も先進国に従属させられている」という意識は、現代のアフリカにおいても根強く残っています。実際に私がウガンダで活動していた時には、現地の人たちから**「先進国によるアフリカの支配は終わっていない。それは開発や援助を隠れ蓑にして、今でも続いている」**と耳にすることもありました。

難民居住区で見た現地の人たちの逞しさ

「アフリカの人たちは無力で何もできない存在だから、先進国の我々が導いてあげなければならない」

歴史を振り返れば、このような考え方はヨーロッパによるアフリカの「文明化」[※18]を肯定し、植民地支配という負の歴史を生み出してきました。

そして、このような病的なまでとも言える固定観念は現在の国際社会にも色濃く残り続けており、アフリカの人々を先進国に依存させ、そして現地の人た

※18 ヨーロッパを始点に、他の地域へと広がっていった啓蒙運動。植民地支配をはじめとした、ヨーロッパによるアフリカの支配を可能にした一種のイデオロギー。その根底には「ヨーロッパ人こそが先を進む洗練された存在であり、アフリカ人は未開な存在だからこそ、我々ヨーロッパ人がアフリカ人を正しい方向に導いてあげなければならない（啓蒙しなければならない）」という、ヨーロッパ側の一方的な考え方が存在した。

ちの立ち上がる力を奪い続けています。

ですが、アフリカの人たちは本当に無力で、自分たちでは何もすることができないのでしょうか？

もちろんこのような大きな問いについて、この短い紙幅の中で議論を尽くすことは難しいです。

ただ、私がアフリカで国際協力活動にかかわる中で印象に残ったエピソードがあるため、それを一つご紹介します。

私がまだ学生だった2017年頃、東アフリカのウガンダ共和国に滞在し、NGOの一員として現地で活動していた時のことです。

当時はウガンダの北に位置する南スーダンの紛争が深刻化しており、毎日のようにたくさんの難民がウガンダに逃げてきていました。

多くの人は「難民」という言葉を聞けば、テレビで目にするような、着の身着のまま家を追われ、力ない表情で食糧配給の列に並んでいる人たちといったイメージが頭に浮かぶのではないでしょうか。

たしかに、そのイメージは必ずしも間違ってはいません。実際に私が現地で活動していた時も、あらゆる物資が足りておらず、海外からの緊急援助がなければ、人間としての必要最低限のニーズ、つまりは衣食住すら満たされないという状況でした。

しかし、その一方で、難民の人たちが自らの力で生活を再建しようとする姿勢には、驚かされるものがありました。

非常に印象に残っているのが、難民の人たちが自分たちで木を拾い集めて、そして簡易的な教会を建てていた様子を目にしたことです。

南スーダンの難民にはクリスチャンが多く、信仰心の篤い人たちもたくさんいます。当時難民居住区は作られたばかりで、自分たちの住環境すらままならない状況であるにもかかわらず、自分たちで木を拾ってきて、簡易的な教会を作っていたのです。

それだけではありません。母国にいた頃に教師をしていた人たちが集まり、自分たちで青空学校を運営している様子も目にしました。ボロ布やゴミを丸め、紐で縛り、サッカーボールを自作している子どもたちにも出会いました。バイクで逃げて来た難民の方は、居住区内でタクシー業を始めていました。家庭用の太陽光パネルを持って逃げてきた難民は、携帯電話の充電施設を経営していました。

支援団体からのこぎりやミシンを貸与してもらった難民は、木工大工や洋裁のビジネスを始めていました。

もちろんこれらのエピソードだけで「アフリカの人たちは」と、一括りにして語るつもりはありません。

その一方で、難民の人たちが自ら生活を再建しようとする姿勢や、様々なリスクにしなやかに適応しながら生活している様子を現地で目の当たりにした人間としては、今の世界に蔓延する「アフリカの人たちは無力で何もできないか

ら、先進国の我々が導いてあげなければならない」といった固定観念には、疑問を感じざるを得ません。

魚を与えるのではなく魚の釣り方を〝引き出す〟

あらゆる出来事が相互に関係し合っている今の時代に、外国への依存なしに自分たちの国を運営することは難しいです。

とはいえ、過去から現在に至るまで、アフリカの国々はいくらなんでも先進国に依存しすぎ、いや、依存させられすぎではないでしょうか。そしてその依存こそが、先進国によるアフリカの搾取を可能にしてしまっています。

資源や原料を先進国に買ってもらうことができなければ、アフリカの経済体制は成り立たなくなってしまいますし、外国からの援助や先進国との貿易がある日突然途絶えてしまえば、人々の生活は一気に苦しくなってしまいます。

また、アフリカの国の中には、国家予算の半分近くを海外からの援助マネーが占めていることもあります。**つまり、国家を運営するための予算の大部分は、先進国からの援助に頼らなくてはならないということです。**

そんな状況では、先進国に対して対等な立場で外交をすることも、自国の政策を自分たちだけで決定することもできません。また、近年は中国が莫大な援助を通じてアフリカ諸国と関係を築いていますが、これについても後の章で触れます。いずれにせよ、[※19]これだけ国家財政を諸外国に依存していれば、アフリカの政治家たちは「国民の顔色」ではなく「外国の顔色」をうかがいながら政治に取り組むことになります。

先進国側にとっては、アフリカの国々を自分たちに依存させておくことは都合がいいでしょう。「植民地支配」という言葉が使えなくなった今の世界において、先進国に経済的に依存させることによってアフリカから資源や原料を搾取しやすくなりますし、政治においても自分たちの都合のいいようにコントロールすることができるからです。

※19 現代のアフリカにおいては、政治家の汚職などの腐敗、独裁政権が発展を阻む大きな要因であることは間違いない。ただ、先進国がアフリカの国々を経済的に依存させるため、言わばアメとムチの「アメ」として使っている莫大な援助こそが、結果としてアフリカの政治家たちを腐敗させてしまっている側面があることも見落としてはならない。

このように、ローカルとグローバルのどちらの視点からアフリカに対する寄付や援助の問題点を見ても、「アフリカの人たちは無力だから、先進国に依存しなければ生けていけない」といった固定観念が根底にあるように感じます。

[20]もちろんすべての援助が無駄と言っているわけでは決してありません。**しかし、それ以上に必要なことは、アフリカの人たちが自らの力で立ち上がろうとする意思を尊重し、その自立をサポートすることではないでしょうか。**

「現地の人たちを自立させるなら、寄付や援助なんてすべて止めればいいじゃないか」と考える人もいるかもしれません。

そうは言っても、残念ながら今のアフリカには、貧困や紛争、病気、気候変動、法の欠落など様々な問題が蔓延しており、それらのせいでアフリカの人たちの中に眠る「未来をつくる力」が十分に発揮できていない現状があります。

例えばビジネスを始めようにも、そのための知識がなかったり、道具がなかったり、アクセスしやすい法の整備がされていなかったりします。アフリカ

※20 本章では先進国で要らなくなった古着を回収し、それを直接的にアフリカに寄付する方法の問題点を考察したが、古着に関する寄付としては「要らない古着を日本国内の業者に買い取ってもらい、そこで生まれた資金をアフリカで活動するNPOの自立支援活動に充てる」という方法もある。また、紛争や自然災害が発生した直後の地域では、人間として生きていくための必要最低限のニーズである衣食住を満たすため、海外からやってきた援助団体が主体となり、一時的な施しの支援（＝緊急援助）も必要になる。すべての寄付や援助が問題だと短絡的に考えてしまうのではなく、自分たちの善意が最終的にどんな帰結をもたらしているのか、その先を知ろうとする姿勢を持つことが大切。

の人たちの多くが置かれている「環境」のせいで、彼らの潜在的な可能性が失われてしまっているのです。

だからこそ、本当にあるべき寄付や援助というのは、現地の人たちの周りの環境を整え、彼らが本来持っている力を十分に発揮し、未来を切り拓くための可能性を取り戻せるように手助けすることではないでしょうか。

どこかで、こんな言葉を耳にしたことがあるかもしれません。

「魚を与えるのではなく、魚の釣り方を教えるべきだ」

困っている人に魚を与えてしまえば、それを食べてしまったら終わりです。でも、魚の釣り方を教えれば、その釣り方を教えた人がいなくなった後も、自分の力で生きていくことができる。このような意味の言葉です。

「魚を与えるのではなく、魚の釣り方を教える」は、国際協力の世界では非常によく使われる言葉であり、とても大切な視点ですが、私はもう一歩踏み込んだ提言をしたいと思います。

「魚を与えるのではなく、魚の釣り方を〝引き出す〟べきだ」

先進国側の人間が一方的に考案した釣り方を教えるのではなく、現地の人たちの中に眠っている釣り方を〝引き出す〟ためのサポートをする。川と魚がある所なら、現地の人たちは釣り方を知っているはずです。それを知らないと勝手に決めつけてしまっているのは、私たち先進国側の人間かもしれません。

アフリカの人たちを一時的な施しの対象として、無力な存在として見てしまうのではなく、彼らにも未来をつくる力があるのだと認めた上で、一緒に魚の釣り方を考える。

彼らが魚の釣り方を体得できたのであれば、私たちはそこから立ち去り、同じ地球に生きる同じ人間として、対等な立場で関係を築いていく。

そのような姿勢こそが、本当の意味で困っている人を支援することに繋がるのだと私は思います。

第2章

「衣服ロス」から考える大量廃棄社会

第1章では先進国から途上国への寄付、特にアフリカに送られた古着（中古服）が、現地の人々の自立心を奪いかねないという問題を中心に見てきました。

本章でも、引き続き衣食住の「衣」に絞り、世界で起きている問題と私たちの生活のつながりを見ていきましょう。

まず、以前も少し触れた通り、先進国から大量に輸入された古着は環境問題を引き起こすこともあります。

技術的に発展した先進国でさえ処理しきれなかった古着は、途上国においても処理が難しい。古着の中には汚れがひどかったり、現地の文化や環境に馴染まなかったりするために、誰の手にも渡らず、ただゴミとして捨てられていくものもあります。

日本ではリサイクルの名目で回収されていることが多いため、私たちは罪悪感なく手放すことができるかもしれません。しかし、世界のどこかでは、結局は誰かがゴミとして廃棄しなければならないのです。

※1 近年になって世界的に問題視されているのが「電気電子機器廃棄物」、通称E-Waste。乾電池やパソコン、さらにはスマートフォンなどの廃棄物を指す。2019年には世界で5360万トン近くのE-Wasteが生まれたとされているが、そのうち回収・リサイクルされているのは2割にも満たない（詳細は第4章）。

E-Wasteの多くも途上国に輸出されており、中でもアフリカのガーナ首都アクラ近郊にあるアグボグブロシー地区には、世界最大のE-Waste廃棄場がある。アグボグブロシー地区周辺に暮らす貧困層の中には、ゴミ山の中から換金できる物を探すスカベンジャーとして生計を立てている者もいる。

ただ、ゴミ山にはE-Wasteが燃やされることで発生する有毒ガスが立ち込めており、現地で働く人たちの中には20代～30代でガンを発症し、亡くなっている人中古車[※1]や電化製品の廃棄物などとは違い、衣服のゴミは現地の人たちの健康を脅かす極めて有害な物質を発生させるわけではないため、これまで問題視されることはそれほどありませんでした。

しかし、[※2]近年になって東南アジアの国々が日本からのプラスチック廃棄物の受け入れに規制をかけ始めた動きもあるように、今のやり方を続けていけば、いずれ古着の行き場も失われてしまいます。

このような環境問題が起きる背景には、大量生産・大量廃棄の仕組みがあります。安く作るために一度に大量に生産し、いらなければまとめて廃棄すればいいという、資本主義が生み出したシステムです。

また、大量生産・大量廃棄は環境問題だけではなく、途上国の劣悪な労働環境や貧困問題なども引き起こしています。

本章では、そういった大量生産・大量廃棄がもたらす問題を、アパレル業界の歪な構造を例に説明していきましょう。**私たちが「便利」と感じている生活の裏側には、気づかぬところでどこかに「犠牲」が生じている**ことに気づいて

もいると考えられている。

※2 古着と並び、日本から海外に輸出されているのがプラスチック廃棄物。特にマレーシアやベトナムなど東南アジアの途上国がプラスチック廃棄物の受け入れ先になっている。

日本はプラスチック廃棄物の多くをリサイクルという名目で海外に輸出してきた。プラスチック廃棄物のリサイクル処理には手間がかかるため、その人件費を日本では捻出することが難しく、人件費の安い途上国に輸出してきたのだ。

これまで日本のプラスチック廃棄物を大量に受け入れていた中国は、2017年末から主に生活由来の廃プラスチックの輸入をストップしている。中国も近年は経済成長が凄まじく、国内だけでも大量のゴミが発生しているため、海外からも輸入して処理することができなくなってきているためだ。

また、リサイクル処理にか

いただければと思います。

日本では新品の衣服が年間10億着も廃棄される

恵方巻きが大量廃棄されているニュースなどをきっかけに、日本でも「食品ロス（フードロス）」という言葉が少しずつ知られてきました。食品ロスとは、まだ食べることができる食品が大量に廃棄されている問題です。

その一方で、まだ着られるにもかかわらず、大量の衣服が廃棄されている「衣服ロス」については、知らない方も多いのではないでしょうか。

衝撃的な数字があります。**日本では、年間10億着以上の〝新品〟の衣服が捨てられていると考えられているのです。**日本の総人口約1億2000万人で割ると、一人当たり年間8着以上も新品の衣服を捨てている計算になります。

〝新品〟と強調して書きましたが、つまりは誰の手にも渡ることなく、ただ捨

かる人件費が安いという理由で日本がプラスチック廃棄物を輸出してきた東南アジアの国々も、近年は輸入に規制をかけ始めている。そのため、これまで海外に輸出していた日本のプラスチック廃棄物が、今後は行き場を失うかもしれないと危惧されている。要らなくなった古着の輸出にせよ、プラスチック廃棄物の輸出にせよ、その根底にある大量生産・大量廃棄の仕組みを変えない限り、今のシステムではいつか行き詰まる。

てられるためだけに作られる服が毎年10億着以上あるということです。

第1章で古着の多くが海外に輸出されている話を聞かされたばかりだというのに、新品の服までもが大量廃棄されているという事実も知れば、衝撃を覚える方も多いかもしれません。

日本では[※3]1年間で供給される新しい衣服の量が約38億点に対して、消費量、つまり消費者が購入する量が約20億点と言われています（2017年）。そのため差し引き約18億点が売れ残っていると推定されており、少なく見積もっても年間10億着以上の衣服は、新品のまま廃棄されていると考えられているのです。

また、国連環境計画[※4]によれば、世界全体では毎秒トラック1台分（約2・6トン）もの衣類が焼却、あるいは埋め立て処分されています。その量はなんと、毎年約8300万トン。もはやここまで来ると想像することも難しい量ですが、これは[※5]毎年オーストラリアのシドニー湾を埋め立てられる量にもなるのです。

※3 仲村和代、藤田さつき『大量廃棄社会 アパレルとコンビニの不都合な真実』（光文社新書）

※4 UN environment programme, Putting the brakes on fast fashion（https://www.unep.org/news-and-stories/story/putting-brakes-fast-fashion）

※5 World Resources Institute, By the Numbers : The Economic, Social and Environmental Impacts of “Fast Fashion”（https://www.wri.org/insights/numbers-economic-social-and-environmental-impacts-fast-fashion）

読者の中にも、特にファッション好きの方には、新品のまま衣服を捨ててしまったことのある方もいるかもしれません。

店頭で見かけて気に入り、値段も安かった。とりあえず買ってはみたけど、その後はクローゼットの中に収納しっぱなし。年末の断捨離の時に思い出し、収納スペースもなくなってきたから、泣く泣くゴミ袋へ。

衝動買いしたことを反省し、これからは無駄な買い物は控えようと決心した……思い当たる節がある方も多いのではないでしょうか。

こうした消費者の行動は、衣服ロスの一因になっています。その一方で、問題の本質を理解するには、アパレル業界の大きな構造にも目を向ける必要があります。

厳しい批判を浴びたバーバリーの衣服焼却問題

ショッピングモールを歩けば、様々なブランドが軒を連ねています。日本だけでもいくつのブランドがあるのかと、驚かされるくらいです。

アパレル業界で働く方からの批判も覚悟した上で言えば、どこの店で販売されている服も、素材や機能性の観点からは、それほど大きな差異はありません。そのためアパレル企業の売上は、**そのブランドに対する消費者のイメージ**に大きく左右されます。

特に高級ブランドを手に入れたいと思う消費者は、機能性よりもブランドが持つイメージに対して高い価値を感じ、購入を決めているはずです。

一方で、新品のまま衣服を廃棄していることが世間に知れ渡ったら、その企業やブランドに対するイメージが損なわれてしまう可能性があります。

そのため、どこの企業も衣服の廃棄に関しては、あまり公にはしたがりません。衣服ロス問題に対する社会的認知度が低い一つの要因だと言えるでしょう。

2018年7月、あるニュースが世界を震撼させました。**イギリスの高級ブランド「バーバリー」が、売れ残った衣服やアクセサリーなど、約42億円分を**

焼却処分していたことが大きな話題になったのです。

報道がなければ、この事実は見落とされていたかもしれません。バーバリー[※6]は当時、200ページにも及ぶ年次報告書を出しています。そこには確かに「2017年度に焼却処分した売れ残り商品は、2860万ポンド（約41億8000万円）相当」と記載されてはいました。しかし、こういった商品廃棄に関する記述はわずかだったのです。

このような点からも、アパレル企業がブランドに対するイメージ毀損に繋がることを恐れ、商品廃棄を公にしたがらない姿勢がうかがえます。

42億円分相当の商品を燃やして処分するというのは、普段高いお金を出して商品を購入していた消費者からすれば、にわかには信じがたい話です。このニュースが世界を駆け巡るなり、バーバリーは厳しい批判を浴びました。今後の焼却処分の中止を発表するなど経営方針の転換を迫られたのです。

※6 仲村和代、藤田さつき『大量破棄社会 アパレルとコンビニの不都合な真実』（光文社新書）

こういった問題があるのはバーバリーだけとは限りません。内情に詳しいアパレル業界で働く方によると、売れ残った衣服の焼却処分や埋め立て処分をするのは、やはり一般的に行われてきたことのようです。

なぜ新品の衣服がそのまま廃棄されてしまうのか

新品のまま衣服を廃棄してしまう衣服ロスの話を聞けば、「せめてセールで売ってくれればいいのに」と感じる人もいるかもしれません。

しかし、アパレル企業には、たとえ新品の衣服でも廃棄せざるを得ない事情があります。

まず一つは、**在庫の管理にかかるコストの問題**です。

売れ残った衣服を倉庫で管理し続けるためには、当然ですが管理費がかかり続けることになります。アパレルメーカーの中にはオフシーズンにセールを行うなど、在庫を減らすために努力をしている企業も多いでしょう。しかし、ファッションはトレンドの移り変わりが激しいことで有名です。

1年も経ってしまえばトレンドも変わってしまい、服が売れにくくなってしまう。だからといって倉庫で管理し続ければ、管理費がかさみ続ける。これらの理由から、たとえ新品だとしても廃棄するのです。

特に近年は、値段の安い服を大量生産・大量販売することで売上を拡大しようとするファストファッションが台頭してきました。ファストファッションでは、1着当たりのコストを抑えるためにも、最初から余ることを前提にして服を大量生産するため、結果として在庫も多くなってしまうのです。

アパレル企業としては、消費者のニーズやトレンドの移り変わりを事前に予測することは難しい。そのため、「在庫が足りなくなって消費者からクレームが入るくらいなら、たくさん作っておいて余るほうがベターだ」と、売上を重視していることも過剰生産が行われる理由です。

また、在庫を残しておけば管理費がかさんでいきますが、在庫を廃棄すれば管理費を減らせるのに加えて、その処理にかかる費用は経費として計上することができます。企業にとっては節税に繋がるというのも、新品の服が廃棄されていく原因なのです。

もう一つの理由が、**ブランド価値を保護するため**です。

売れ残った衣服を定期的にセールで販売していれば、「このブランドはセールを待っていれば安く買える」といった噂が消費者の間で広まってしまいます。

アパレルでは過剰生産によって商品が売れ残ることは頻繁にありますが、セールばかりやっていればブランド価値は落ちてしまい、逆に定価では商品が売れにくくなってしまいます。

実際に元アパレル従業員から聞いた話によれば、その方が働いていた店では売れ残りを無くすため、入荷して1週間が経ったら新作商品も2点で20％オフ、季節の変わり目には最大80％まで値下げをしていたそうです。
しかし、そのせいで「あそこの店はもうすぐしたらセールをする」というイメージが消費者の間に広がってしまい、ほとんどの商品が定価では売れなくなってしまいました。

セールで販売するよりかは、売れ残った在庫はたとえ新品でも廃棄してしまったほうが、トータルで考えると利益が出る。企業側がこのような判断をしていることも衣服ロスが起きてしまう原因なのです。

アパレルの大量廃棄が引き起こす環境破壊

日本には、「もったいない」という考えが古くから根付いています。だからこそ、新品の衣服が大量に廃棄される衣服ロスは、倫理的に受け入れられない方も多いでしょう。

しかし、衣服ロスの問題は「もったいない」だけでは済みません。**アパレル**

産業が様々な環境負荷を生み出していることを知れば、衣服ロスがいかに深刻な問題であるかわかるはずです。

地球温暖化の原因とされている二酸化炭素の年間排出量のうち、実に10％はアパレル産業からの排出です。[※7]

二酸化炭素の排出という文脈では、例えば飛行機移動が批判されることがよくあります。特に近年のヨーロッパでは「飛び恥」という言葉も生まれ、「飛行機で移動するのは恥だ。短い距離なら電車で移動したほうがいい」といった考え方も広まってきました。

しかし、国連環境計画[※7]**が出している統計によれば、アパレル産業が排出している二酸化炭素の量は、国際航空と海運による排出の合計を超えています。**さらに悪いことに、アパレル産業の温室効果ガス排出量は2030年までに50％以上増加することが予想されているのです。

※7 The World Bank, How Much Do Our Wardrobes Cost to the Environment? (https://www.worldbank.org/en/news/feature/2019/09/23/costo-moda-medio-ambiente)

また、アパレル産業は水を大量に消費することでも知られています。衣服を生産するために必要なコットン（綿）を栽培するために、大量の水が必要になるからです。[※8]Tシャツ1枚を作るためだけでも約2700リットルの水が必要になり、この量はバスタブで換算すると約15杯分、一人当たりの飲料水消費量に換算すると約5年間分にも相当します。

さらにアパレル産業は、水質汚染の問題も引き起こしています。[※9]生地の染色は世界で2番目に大きな水の汚染源となっており、全世界の廃水の約20%は生地の染色と処理によるものです。

特に安い服が生産されている途上国では、環境に対する法的な枠組みも不十分な国が多いです。そんな国々では、染色過程で汚染された水が川や海にそのまま流されてしまうことがあります。

これ以上アパレル産業が引き起こす環境問題を列挙していくことは控えます。ただ確実に言えるのは、アパレル産業は環境に大きな負荷をかけながら大量の衣服を生産しているにもかかわらず、その生産した衣服の多くが誰の手に

※8 WWF, The Impact of a Cotton T-Shirt〔https://www.worldwildlife.org/stories/the-impact-of-a-cotton-t-shirt〕

※9 The World Bank, How Much Do Our Wardrobes Cost to the Environment〔https://www.worldbank.org/en/news/feature/2019/09/23/costo-moda-medio-ambiente〕

も渡ることなく、新品のまま捨てられているということです。
衣服ロスの背後には、環境を犠牲にしながらでも大量に生産することで、消費者の「安く・早く・たくさん手に入れたい」というニーズを満たそうとするアパレル産業の構造があります。

「世界の縫製工場」は中国からバングラデシュに

今着ている服でも、クローゼットの中に眠っている服でも構いません。タグをひっくり返して、生産地がどこになっているか確かめてみてください。**特にファストファッションと呼ばれるブランドであれば、生産地表示に「Made in Bangladesh」（メイド・イン・バングラデシュ）と記されている可能性が高いと思います。**

日本人にとってバングラデシュは馴染みの少ない国かもしれませんが、実は親日国として知られています。国旗も非常に似ていて、日の丸の白い部分をすべて緑色にしたものがバングラデシュの国旗です（実際には赤丸の配置が少し異なりますが）。

バングラデシュは長らく「アジア最貧国」と呼ばれ続けてきました。しかし近年は経済成長が著しく、首都ダッカは世界で最も人口密度の高い都市の一つとされています。

このバングラデシュが、経済成長の要として主要産業に掲げてきたのが縫製業です。「縫い子は時給数十円で雇えます」。そんなスローガンのもと、先進国のアパレル企業に対して積極的に工場誘致を呼び掛けてきました。

これまで先進国のアパレル企業は、長らく「世界の工場」である中国に進出し、生産ラインを構築してきました。しかし、ご存じのように中国は近年めまぐるしく経済成長しており、人件費も高くなってきていることから、多くの企業が中国からバングラデシュへと進出先を変えてきたのです。

一方、バングラデシュにはいまだに多くの貧困層が存在します。総人口約1億6000万人のうち、約15%にあたる人々が1日1・9ドル以下、日本円に換算すると約200円未満の絶対的貧困下で生活を送っています。[※10]

貧困層の人々は特に農村部に集中しています。貧しい国民の多くが農業で生計を立てているからです。私はバングラデシュを2度訪れたことがあり、農村部にも足を運びました。どこまでも緑が広がっている長閑な田園風景が印象的だったことを覚えています。

しかし、農村部では食べ物を得ることはできても、農業以外の産業はほとんど存在しません。そのため貧困層の人たちは現金収入を得る手段が少なく、日用品を購入したり、子どもの教育費を捻出したりすることができないこともあります。

そのような背景から、女性や子どもが都市部、特に首都ダッカへと出稼ぎにやってきます。そこでどんな仕事に就くかといえば、縫製工場で縫い子になるわけです。

※10 The World Bank, Poverty headcount ratio at $1.90 a day (2011 PPP) (% of population) - Bangladesh〔https://data.worldbank.org/indicator/SI.POV.DDAY?locations=BD〕

そして、バングラデシュの彼女たちが生産した服が、遠く離れた日本へと渡り、私たちの手元にやってくる。このようなグローバルな構造、サプライチェーン[※11]があるのです。

なぜラナプラザ崩落事故は世界中に知れ渡ったのか

近年バングラデシュの縫製工場で指摘されてきたのが劣悪な労働環境です。この問題を世界に広く知らしめたのが、**2013年に起きた「ラナプラザ崩落事故」**でした。ファストファッション業界の黒歴史とも呼ばれます。

ラナプラザとはバングラデシュの首都ダッカ近郊にあった8階建ての商業ビルで、その中には先進国に輸出されるための服を生産する縫製工場が入っていました。

このビルが2013年4月24日に崩落し、当時そこで働いていた人たち1000人以上が一度に犠牲になった事件、それがラナプラザ崩落事故です。

※11 商品や製品が消費者の手元に届くまでの調達、製造、在庫管理、配送、販売、消費といった一連の流れをサプライチェーンと呼ぶ。先進国の企業は利潤を最大化するためにも、製造コストを下げることを目的に、生産ラインを人件費の安い途上国へと進出させてきた。
特に縫製業は、人口の多さや人件費の安さから長く中国が「世界の工場」として先進国の企業による下請けをしてきた。しかし、2000年代以降は中国の人件費が高くなってきたため、バングラデシュに生産ラインを移動させる企業が増えている。

ラナプラザ崩落事故の現場の様子　©KM Asad/LightRocket/Getty Images

ラナプラザの崩落は、ある日突然起きたというわけでは決してありません。この商業ビルは違法に建て増しされたことが以前から指摘されており、事故の直接的な原因になったのは、工場の建物が建築基準に満たない脆弱な構造だったことだと言われています。

事故が発生する前日には、地元警察から退避するように要請が出ていたにもかかわらず、工場の経営者たちはその忠告を無視して、工場の労働者たちを働かせ続けていたのです。

その結果として、当時工場で働いていた労働者たち1000人以上の命が一瞬にして奪われてしまいました。生き埋めになって亡くなった人には、農村部からの出稼ぎ労働者や貧困層出身の若者が含まれていました。彼ら・彼女らは劣悪な労働環境の下、時給数十円で働かされていたのです。

ラナプラザ崩落事故が世界に衝撃を与えたのは、犠牲者の数が多かったからだけではありません。犠牲になった人の多くが、先進国の人間が着るためのファストファッションを生産するために働いていたからです。

資本主義世界で熾烈化する企業間の競争。それによって生まれた「安く・早く・たくさん生産しよう」というアパレル産業の歪な構造が行きついた先が、ラナプラザ崩落事故という悲劇でした。

亡くなった犠牲者の中には、農村部に子どもたちを残し、出稼ぎに来ていた女性もいたと言われています。子どもたちの教育費を稼ぎ、貧困から脱却することを夢見ていたのかもしれません。そんな想いとは裏腹に、先進国の「誰か」が着るためのファストファッションを劣悪な環境で作らされ続け、最後は事故に巻き込まれて命を落としてしまう——。

先進国の便利な生活は、途上国の犠牲の上に成り立っている。そのことを象徴する出来事として、ラナプラザ崩落事故は世界にとって大きな問題提起になりました。

私たち消費者は無関係だと言い切れるのか

「途上国は安全管理がずさんだから、事故が起きた責任は現地の工場長たちにある」

「安い労働力を求めて途上国に進出するアパレル企業のせいだ」

そのようにして、現地の責任者や先進国の企業を断罪してしまうのは簡単でしょう。たしかにバングラデシュをはじめとした途上国では、労働環境に関する法的な枠組みもまだ十分には機能しておらず、現地の管理者たちの安全意識が低かったことが事故が起きた直接的な原因かもしれません。実際、事故後にはビルのオーナーや工場の経営者が逮捕されています。

また、利益の最大化を追求し、安い労働力を求めてバングラデシュに工場を進出させたアパレル企業に大きな責任があることも間違いありません。

しかし、そこで生産されていた衣服は、安価に購入できるファストファッションとして先進国に輸出されていました。私たち消費者は、ラナプラザ崩落事故に無関係だと言い切れるでしょうか？

先進国のアパレル企業から「安く・早く・たくさん作ってほしい」とプレッシャーをかけられれば、たとえ工場の建物が脆弱であることを把握していたとしても、現地の工場長たちが簡単に生産ラインを止めるわけにはいかないでしょう。

バングラデシュには縫製工場がたくさんあります。ある工場が、企業からの期待に沿えなかったり、納期を守れなかったりすれば、契約を打ち切られ、他の工場に仕事を奪われてしまうかもしれません。※12 そうなれば工場の経営は立ちゆかなくなり、従業員に対して賃金を支払えなくなり、多くのバングラデシュ人が路頭に迷ってしまいます。

さらに、現地の工場長たちが先進国の企業からプレッシャーをかけられていたのと同じように、企業にもプレッシャーをかけている存在がいます。**それが「安く・早く・たくさん手に入れたい」という私たち消費者のニーズです。**

特にファストファッションが台頭してからは、このニーズが当たり前のものとして広がっています。この期待に応えられないアパレル企業は、バングラデシュの工場がそうであるのと同じように、他の企業に顧客を奪われてしまうかもしれません。

グローバル化が進み、一つの商品が完成するまでのサプライチェーンが複雑化している今、事故の犯人を工場長、企業、または消費者などと、短絡的に決めつけてしまうことは不可能です。

※12　2020年4月には新型コロナウイルスの世界的大流行に伴い、欧米の大手アパレル企業らがバングラデシュの現地工場への発注をストップしたことで賃金の未払いが発生。現地の労働者たちが抗議活動をしている。

労働者の多くは貧困層の出身であり、賃金の支払いがストップしてしまえば生計を立てられなくなり、路頭に迷ってしまう。ここでもまた、先進国との貿易ばかりに依存する途上国の経済体制が、特に現地の貧困層の生活にとってはリスクであることが露呈した。

参考：AFP BB News「コロナよりも飢えが怖い…バングラ縫製工場の労働者、賃金未払いに抗議」（2020年4月14日）〔https://www.afpbb.com/articles/-/3278580〕

しかし、私たちが生きている現代はあらゆる出来事が繋がり、そして互いに影響をもたらし合っています。

ラナプラザで起きた事故を「遠くの世界で起きた悲惨な出来事」として片づけてしまうのではなく、私たちの生活とはどのように関係があったのか、まずは知ろうとする姿勢が大切ではないでしょうか。

貧乏とは「物を少ししか持っていない」ことではない

一つ断言できることがあります。**それは、私たちが豊かで便利だと感じている生活は、地球環境の、そして誰かの「犠牲」の上に成り立っているという事実です。**

ファストファッションが台頭した後は、衣服は誰の手にも届きやすくなりました。[※13] ２０１４年に消費者が購入した衣類は、２０００年に比べて60％も増加

※13 McKinsey Sustainability, Style that's sustainable: A new fast-fashion formula [https://www.mckinsey.com/business-functions/sustainability/our-insights/style-thats-sustainable-a-new-fast-fashion-formula]

したという報告もあります。

「安く・早く・たくさん手に入れたい」という消費者の欲求は満たされ、私たちの生活は、これ以上ないほど快適なものになりました。

その一方で、大量生産された衣服は毎年莫大な量がゴミとして廃棄され、その生産現場では劣悪な労働環境も問題になっています。私たちが豊かで便利だと感じてきた生活は、地球環境の犠牲や途上国における労働環境の犠牲の上に成り立ってきたのです。

大量生産・大量廃棄という仕組みが生んだ犠牲は、周縁へ周縁へと追いやられ、これまでは裕福な生活を送る人間の目にはあまり映らなかったかもしれません。

しかし、グローバル化によって世界中のありとあらゆる出来事が繋がり合い、インターネットによって地球の裏側とさえ交信できるようになった今、私たちはその犠牲について知れるようになりました。

知ってしまった者として、私たちには考える責任があります。何かの、誰かの犠牲の上に成り立つ便利な生活を、私たちはこれからも続けていきたいのかどうかを。

2020年から始まった新型コロナウイルスのパンデミックは、ある意味で人類にその問いを突き付けました。世界各国でロックダウンや経済活動の縮小が行われたことによって、[※14]人類全体が消費している資源やエネルギーの量が減少したり、世界各国で大気汚染が改善されたりしたからです。

物を生産する社会、便利で快適な社会を作ることが悪いと言っているわけではありません。**「もう十分なのではないか」「どこまで行けば人間は満足できるのか」と、立ち止まって考える時間が必要ではないかということです。**

私の好きな人物に「世界一貧しい大統領」との異名を持つ、ウルグアイ元大統領のホセ・ムヒカ氏がいます。ムヒカ氏は大統領時代、給料の9割を貧困層への寄付に回し、自身は残り1割のひと月約10万円で生活していたと言われます。

※14 環境団体グローバル・フットプリント・ネットワークは毎年アース・オーバーシュート・デーと呼ばれる、地球資源1年間分の「許容量」を人類が超過してしまう日を発表している。人間が生きていくためには水や木材といった地球資源が必要だが、地球がこれらの資源を1年間で再生産できる量には限度がある。例えば人類が経済活動を行うために森林から伐採した木材を使う場合、人類が使用した量と同じ分だけ木がまた生えてくれれば、地球環境は持続可能ということができる。しかし、森

この10万円という金額は、当時のウルグアイ人の平均月収と同じレベルの金額です。

彼を一躍有名にしたのが、2012年にブラジル・リオデジャネイロの国際会議で行われたスピーチでした。そこで彼は、このような言葉を残しています。

「貧乏な人とは、少ししか物を持っていない人ではなく、無限に欲があり、『もっと、もっと』と、欲しがる人である」

一般的には貧乏というのは、財産や収入が少ない状態を指します。ですが、ムヒカ氏は「本当の貧乏とは、無限に欲望があることだ」と主張し、経済的な豊かさばかりを追い求める今の社会のあり方を批判したのです。

「足るを知る者は富む」という言葉もあります。「欲を出さないで自分の境遇に満足できる者は、たとえ貧しくても精神的に富んでいる」という意味の言葉です。

林が再生産できる量よりも多くの木材を人類が使っていたら、それは持続可能と呼ぶことはできない。

このように、地球が1年間で再生できる綺麗な水や木材など、地球資源の許容量を超過してしまう日をアース・オーバーシュート・デーと呼ぶ。

2020年のアース・オーバーシュート・デーは8月22日となり、前年の2019年よりも1カ月ほど遅くなったが、この背景には新型コロナのパンデミックによって世界中で経済活動が縮小されたことがあると指摘されている。

なお、2021年のアース・オーバーシュート・デーは7月29日。2020年はコロナのおかげで地球環境が改善されたと言えるが、その後経済活動が再開することによって、アース・オーバーシュート・デーは2019年と同じ水準に戻ってしまった。

たしかに今の社会では、お金がなければ、物がなければ、生きていくことは難しいです。「何を今さら綺麗事を語っているのか」と思われる方もいるかもしれません。私自身も既存の経済に恩恵を受けて育ってきた人間です。自分のことだけを棚に上げて、世の中の仕組みを批判するつもりは毛頭ありません。

しかし、今の社会が直面している様々な問題を知れば知るほど、犠牲の上に成り立つ便利な生活をこれからも私たちは続けていくのか、立ち止まって考えなければならないと感じます。

社会問題を解決したり、世界を良くしたりしようと考えた時、私たちはすぐに寄付やボランティアといった「何かを始める」ことを思い浮かべがちです。**しかし同時に、まずは自分たちの足元に目を向け、今の生活のあり方を見直し、「何かをやめる」ことも大切であることを忘れてはいけません。**

コラム

「サーキュラーエコノミー」はアパレルを変えるのか

日本人が培った「もったいない」文化の復活

近年は「サーキュラーエコノミー」（循環型経済）という概念が広がってきました。サーキュラーエコノミーとは、従来の仕組みでは廃棄されていたモノを新たな資源として捉え、できる限り廃棄物を出すことなく、資源を循環させる経済の仕組みを指す言葉です。

サーキュラーエコノミーの流れが起きているのは、アパレルも例外ではありません。例えば世界的に「古着市場」が台頭していることが、アパレル業界の構造を変え、本章で取り上げたような社会問題の解決に寄与するのではないかと期待されています。

中古衣料のＥＣサイトを運営する米スレッドアップ社の報告「2021 RESALE REPORT」によると、アメリカにおける古着市場の規模は２０２１年の３６０億ドル（約３兆９５００億円）から２０２５年には７７０億ドル（約8兆４５５０億円）と、今後４年間で２倍以上になることが予想されています。

古着市場は、本章で解説したファストファッションと比べても大きく成長しています。２０３０年にはファストファッションの市場規模は約４００億ドルになる見通しですが、古着の市場規模は約８４０億ドルになると予想されており、**古着市場の規模がファストファッションの2倍以上になる**と予想されているのです。

古着市場が拡大している背景には、必ずしも「環境問題や途上国の労働問題を解決しよう」といった気運があるわけではありません。新品よりも古着のほうが安く買えること、また新品だと手が届かないようなブランド品を手に入れられるといったことも消費者の動機になっているようです。

いずれにせよ、一度生産されたものを簡単に廃棄してしまうのではなく、繰り返し何度も使うというライフスタイルが広まっていくことは、結果的にはこれまでアパレルがもたらしてきた様々な問題を解決する可能性を秘めています。**私たちのファッションがサーキュラーエコノミーに組み込まれ、一着の服に対する所有者が増えていけば、大量生産大量廃棄という旧来の仕組みも変わらざるを得ないからです。**

また、アパレル業界の中にも、旧来のビジネスモデルが様々な社会問題を引き起こしてきた反省があり、これまでの歪な仕組みに対して疑問を呈す人が増えてきました。

例えば2020年5月21日には米国ファッション協議会と英国ファッション協議会が「ファッション業界のリセット（The Fassion Industry's Reset）」という共同声明を発表しました。長年にわたる過剰生産から脱却していく必要性や、ファッションにおけるサステナビリティ（持続可能性）の重要性が叫ばれています。

これはアパレル業界による取り組みのほんの一例にすぎませんが、**業界の中にも少しずつ変化の兆しが見えています。**

このような「生産や消費のあり方を見直そう」という動きが世界で広がる背景には、本章で見たような社会問題に対して問題意識を持ち、そして声を上げてきた消費者の存在が大きく関係しています。**人は微力ではありますが、決して無力ではありません。**一人ひとりの声にはわずかな影響力しかなくても、それが集まって束になれば、大きな社会変革のうねりに繋がるのです。

一度作ったものは、できる限り大切に長く使う。綺麗事のように思われるかもしれませんが、このような価値観が旧来の大量生産大量廃棄という仕組みを変えていくことに繋がります。

日本には古くから「もったいない」という言葉もあります。「一度作ったものは、できる限り大切に使う」という価値観や、世界に広がりつつあるサーキュラーエコノミーは、私たち日本人とも親和性が高いのではないでしょうか。

第3章

肉食が
水不足に繋がる
「不都合な真実」

第2章ではアパレル産業の問題点を浮き彫りにしながら、衣食住の「衣」と環境問題、さらには途上国における労働問題がどのように繋がっているのかを見てきました。

ここからは衣食住の「食」、**中でも私たちの生活に欠かせなくなった「肉食」を切り口にして、世界で起きている様々な問題を考えていきます。**

実は私自身、肉食が社会問題に繋がっているという事実は、比較的最近になって知りました。正直に告白すれば、幼い頃から肉料理ばかりを食べてきた人間として、肉食の裏に隠された世界の問題を知った時の衝撃は、とても大きかったです。

食事は一つの文化でもありますし、「好きなものを食べたい」という人間の欲求を満たすことは、幸せに生きていくためにも必要なことです。また、社会問題のことばかりを考えて生活にストレスを感じていれば、それは持続可能な取り組みとは言えないでしょう。そのため、筆者としては肉食のすべてを否定するつもりはありません。

しかし残念ながら、世界で起きている様々な問題と私たちの生活の繋がりを語る上で、肉食、というよりも畜産業（工業型畜産）[※1]の問題点は避けては通れません。

近年、ヴィーガンをはじめとした菜食主義ムーブメントが世界に広がり、「肉の消費量を減らそう」という呼びかけもされています。こういった動向を正しく理解するためにも、畜産業の構造や問題点に目を向ける必要があります。

食文化として肉を食べる機会の多いアメリカやヨーロッパ、中南米諸国などに比べれば、日本の肉消費量は比較的少ない方です。ＯＥＣＤ（経済協力開発機構）とＦＡＯ（国際連合食糧農業機関）の統計によれば[※2]、一人当たりの牛肉消費量はＯＥＣＤ加盟国37か国中22番目、豚肉消費量は12番目、鶏肉消費量は24番目となっています。

※1 効率性や生産性を重視し、画一化された家畜の飼育方法を指す。大規模集約型畜産。「家畜の数を簡単に増やすことができる一方で、環境への悪影響や家畜に対する搾取が問題視されている。

※2 OECD Data, Agricultural output －Meat consumption
[https://data.oecd.org/agroutput/meat-consumption.htm]

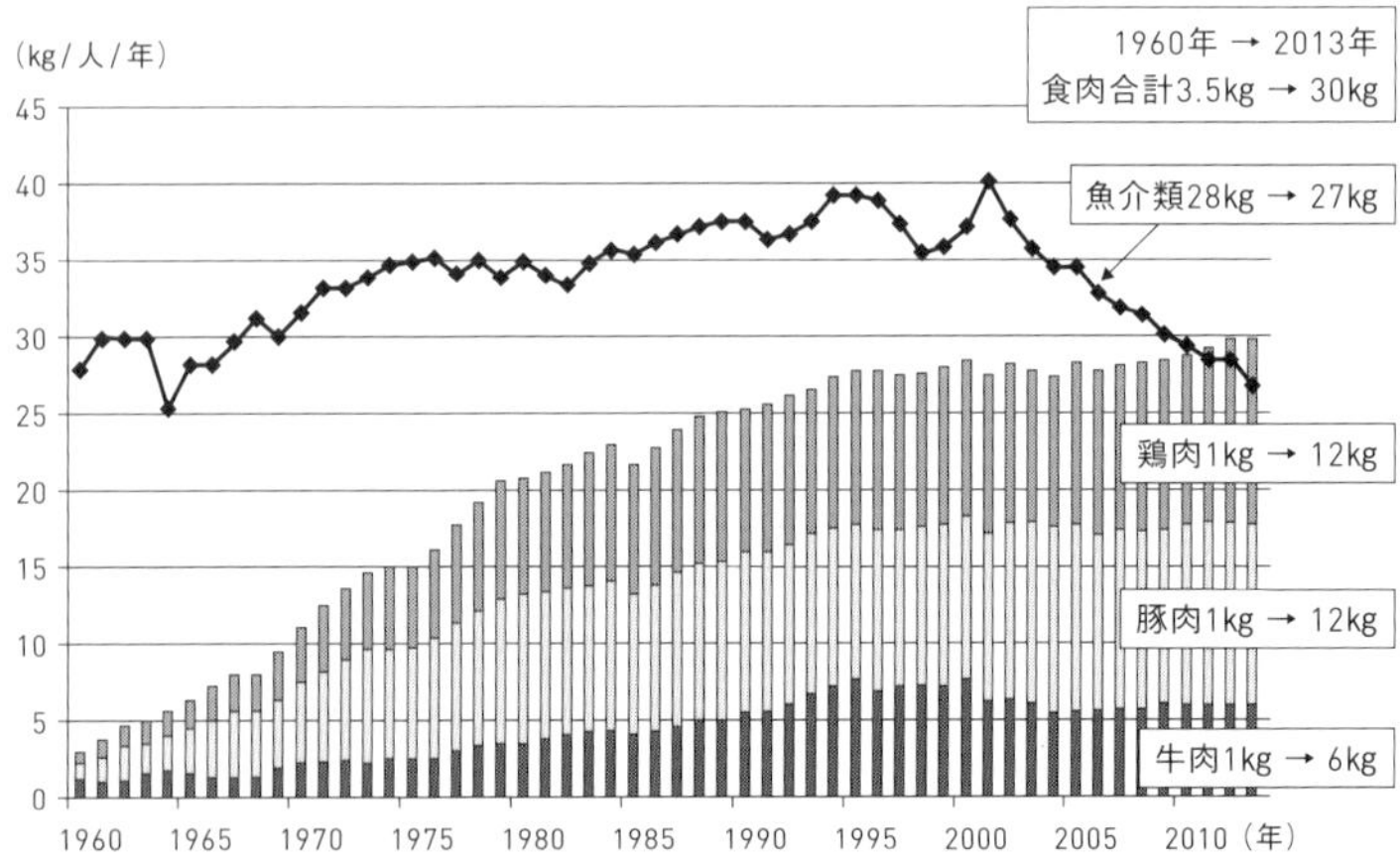

出典：農林水産省「食料需給表」
※重量は純食料ベース

図1 年間一人当たりの供給量の推移

しかし、そんな日本でも食生活の欧米化や工業型畜産が広がり始めたことに伴い、この50年間で肉食は急速に一般化してきました。[※3]1960年には1人1年当たりの食肉（牛肉・豚肉・鶏肉など）供給量はわずか3・5kgでしたが、2013年には約9倍の30kgとなっています。

近年はヴィーガンやベジタリアンといった菜食主義者も増えてきました。その一方で、やはり多くの日本人にとって、肉食は生活と切り離せない関係にあります。

しかし、肉を食べるという行為

※3 独立行政法人 農畜産業振興機構「食肉の消費動向について」（https://www.alic.go.jp/koho/kikaku03_000814.html）

が様々な問題に繋がっていることを知ったら、普段何気なく口にしていた肉に対して、考え方が根底から覆るかもしれません。

家畜の餌のために広大な土地を使っている現実

肉の消費量が増えれば増えるほど、世界では食糧不足が発生するリスクが高まる――。こんな話を聞いて、ピンとくる方は少ないはずです。

まずは「肉食が世界の食糧問題に繋がる」と言われる背景を詳しく見ていきましょう。

大前提として理解してほしいのは、**肉を生産する畜産業を維持するためには、広い土地や大量の資源が必要になるということ。そのため、「人間が生きていくための食糧を生産する」という観点から考えると、肉の生産は非効率的であると**いうことです。

そもそも、1kgの畜産物を生産するためには、その何倍もの飼料穀物を家畜に食べさせなければいけません。

農林水産省[※4]が2021年3月に出している報告書によれば、鶏肉1kgを生産するために必要な穀物の量は4kg、豚肉1kgを生産するためには6kg、牛肉にいたっては1kgを生産するために11kgの穀物が必要になります（日本における飼養方法を基にしたトウモロコシ換算による試算）。

つまり、少量の肉を生産するためにその何倍もの量の飼料穀物が必要になり、その飼料穀物を生産するためには広い土地や大量の資源が必要になる、ということです。

実際に世界中[※5]にある農地のうち、75～80％は人間が食べる食料を生産するためではなく、家畜が食べる飼料を生産するために使われています。[※6] 2015年から2017年にかけては世界全体で毎年平均25・3億トンの穀物需要量がありましたが、食用等の需要が全体の57・0％（約14・4億トン）であったのに対して、36・6％（約9・2億トン）は飼料用の需要として占められていました。今後

※4 農林水産省「世界の食料需給の動向」〔https://www.maff.go.jp/j/zyukyu/anpo/attach/pdf/adviser-13.pdf〕

※5 GREENPEACE, LESS IS MORE REDUCING MEAT AND DAIRY FOR A HEALTHIER LIFE AND PLANET〔https://www.greenpeace.org/static/planet4-international-stateless/2018/03/698c4c4a-summary_greenpeace-livestock-vision-towards-2050.pdf〕

※6 農林水産省「世界の食料需給の動向と中長期的な見通し ―世界食料需給モデルによる2028年の世界食料需給の見通し―』（平成31年3月農林水産政策研究所）」〔https://www.maff.go.jp/primaff/seika/attach/pdf/190304_2028_02.pdf〕

世界人口の増加に伴って穀物需要量も増えていきますが、食用よりも飼料用の需要のほうが増加率は高いとされています。

これは、経済が成長し、国民一人当たりの所得額が伸びるに伴って肉類の消費量も増加するからです。肉類の需要が増えると、それに必要な飼料穀物の需要はさらに何倍にもなります。その結果、食用よりも飼料用の穀物需要量の増加率が高くなるのです。※4

人間よりも家畜の食料が優先される

私たちが生きている世界では、約6億9000万人の人たちが飢餓や栄養不良に苦しんでいると考えられており、その多くはアジアやアフリカ、中南米の途上国に集中しています。※7

「世界全体の人口が増えているのだから、一人当たりに行きわたる食料の量が足りなくなるのは仕方がない。食糧不足の問題を解決するためには、特に途上

※7 国連報告書「2020年版『世界の食料安全保障と栄養の現状』報告書」〔https://www.unicef.or.jp/jcu-cms/media-contents/2020/07/English___SOFI_2020_-_In_Brief.pdf〕

国の人口増加を食い止めなくてはならない」

そう考えている人がたまにいますが、それは誤解です。[※8]**飢餓や栄養不良が問題になっている国でも、国民が食べるための自給用の食料ではなく、家畜が消費する飼料穀物の生産が優先されてしまっていることもあるからです。**

例えばアルゼンチンは豊かな耕作地があることで知られ、世界でも指折りの穀物輸出大国です。日本もアルゼンチンから飼料穀物としてトウモロコシを輸入しています。

しかし、そのアルゼンチンでは近年になって飢餓層が生まれてきていることが問題視されているのです。[※9]2015年には栄養不良状態にある国民の割合は2・5%でしたが、2019年には3・9%まで増えており、約175万人が栄養不良状態にあると考えられています。

最も大きな要因は、この間に米ドルに対してアルゼンチン・ペソが暴落する「通貨危機」が発生し、経済が打撃を受けたことで貧困層が増加したことにあります。しかしそれに加えて、[※10]家畜のための穀物生産を優先する農業が推進さ

※8 毎年世界では27億トンの穀物が生産されているが、もしこれが世界人口78億人に平等に分配されていれば、一人当たり年間340kg以上食べられる。人間が生存していくために必要な量は年間約200kgと考えられているため、実に1・5倍以上が得られる。世界全体で食料を平等に分配することができれば、理論上は飢餓は起こらない。

※9 The World Bank, Prevalence of undernourishment (% of population) - Argentina (https://data.worldbank.org/indicator/SN.ITK.DEFC.ZS?locations=AR)

※10 志葉玲『13歳からの環境問題』(かもがわ出版)

れてきたことも、一因として指摘されているのです。

裕福な暮らしをする人たちが肉を消費すれば消費するほど、畜産業に対するニーズは高まります。畜産業に対するニーズが高まれば高まるほど、穀物の多くが人間ではなく、家畜が食べるための飼料として消費されることになります。その結果として、満足に栄養を摂れない人がまだ数多く残されている一方で、人間ではなく家畜が食べるための穀物生産が優先されてしまい、飢餓や食糧問題が一向に解決しない。肉食の背景には、このような構造も指摘されているのです。

読者の中にも「世界で起きている食糧問題を解決するために、何かできることはないだろうか」と考えている方もいるかもしれません。

しかし、たとえそのように考えていても、もしも普段の生活で肉を大量に消費しているのであれば、食糧生産における世界の構造的問題に加担していることになります。それは片方の手では問題解決に取り組もうとしていながら、もう片方の手ではその問題が解決しない一因を担ってしまっていると考えることもできるのです。

たとえ間接的であろうとも、私たちの何気ない普段の生活が、巡り巡って遠くの誰かを苦しめていたり、世界の問題を長引かせることに繋がっていたりするかもしれません。まずはその事実に気がつく必要があります。

グローバル化が進展し、サプライチェーンが複雑に絡まり合っている今、そのことを実感するのは非常に難しいです。しかし、まずは勇気をもって事実を受け止め、世界の問題と自分の生活の繋がりを知ろうとすることが、問題解決に向けた第一歩になるのではないでしょうか。

畜産業のために破壊される森林

家畜を放牧したり、穀物を大量生産したりするためには広大な土地が必要です。そのため、世界では森林破壊の問題も深刻視されています。[※11] **森林破壊の原**

※11 GREENPEACE「肉食と環境破壊の驚くべき意外な関係」[https://www.greenpeace.org/japan/sustainable/story/2018/03/17/6905/]

因の約8割が、畜産業をはじめとした工業型の食料システムによるものだと指摘されているのです。

特に世界的に問題視されているのが、ブラジルのアマゾンにおける森林火災です。アマゾンでは例年、特に7月から10月の乾季は森林火災が発生しやすいと言われています。乾季に入って空気が乾燥すると、落ち葉や空気中の水分が失われ、風によって枯葉が擦れあうことで摩擦を起こし、自然発生的に火がつくのです。

しかし、近年アマゾンで起きている森林火災は自然発火だけが原因ではありません。環境NGOや研究者は次のように指摘しています。[※12] 家畜を放牧するための土地を確保したり、大豆やトウモロコシなどの穀物を生産するための畑を拓いたりしたい人たちがいる。そういった人たちが違法に森林に火を放っていることが、森林火災の一因となっているのだ、と。

このような森林火災は、アマゾンで暮らす先住民族の殺害や野生動物の減

※12 志葉玲『13歳からの環境問題』（かもがわ出版）

少、生態系の破壊にも繫がっているほか、地球温暖化の大きな原因にもなっています。

アマゾンのような熱帯雨林は、地球温暖化の原因とされる二酸化炭素を吸収し、大気に放たず蓄える役割をしています。しかし、森林破壊が進められて土地が農地として使われるようになると、それまでは樹木や土壌の中に眠っていた炭素が二酸化炭素として大気中に放出されてしまいます。その結果、地球温暖化がさらに進んでしまうのです。

このような森林破壊に対して、アマゾンで暮らす先住民族たちや環境活動家たちは反対の声を上げてきました。しかし、国際※13NGO「グローバル・ウィットネス」の報告によれば、2019年にはアマゾン地域だけでも33人の活動家が殺害されています。犯行の背後には、森林を伐採することでアマゾンの開発を推し進めたい違法業者や、反社会的グループが関係していると考えられているのです。

日本は、ブラジルから大豆やトウモロコシを大量に輸入しています（アメリカ

※13 Global Witness, Defending Tomorrow〔https://www.globalwitness.org/en/campaigns/environmental-activists/defending-tomorrow/〕

について第2位)。ブラジルでは、それらを輸出用の港に運ぶ幹線道路の整備も、アマゾンで森林破壊が行われる一因だと指摘されています。つまり、ブラジルの大豆やトウモロコシをもとに生産された畜産物を食べている私たちも、アマゾンの森林破壊と決して無関係とは言えません。世界は繋がっているのです。[※14]

大量の「水資源」を海外に依存する日本

「実は今、世界で水不足の問題が深刻化している」。そう聞かされても、山や川に恵まれ、雨がたくさん降る日本で暮らしていると、あまり実感が湧かない人が多いかもしれません。

日本ではよく「水と安全はタダ」と言われてきましたし、蛇口をひねればいつでもきれいな水を手に入れることができます。

しかし、「畜産業は大量の水を消費することで成り立っている」という視点

※14 AFP BB News「アマゾン熱帯雨林、幹線道路がもたらす開発と破壊 ブラジル」(２０１９年12月21日)(https://www.afpbb.com/articles/-/3250821)

に立ってみると、水不足の問題が日本にも無関係ではないことが理解できるはずです。

すでに解説した通り、少量の肉を生産するためには、大量の飼料穀物を家畜に食べさせなければなりません。そして、その飼料穀物を生産するためには、大量の水資源が必要になります。

例えば[※15]1kgのトウモロコシを生産するためには、灌漑用水として1800リットルの水が必要です。牛はそういった穀物を大量に消費しながら育ちます。そのため、牛肉1kgを生産するためには、その約2万倍もの水（約2万リットル）が必要になります。

また、[※16]豚肉1kgを生産するためには約6000リットル、鶏肉1kgを生産するためには約4500リットルの水が必要になると言われています。

身近な食べ物で換算してみると、例えば牛肉100gが使われている牛丼1杯を作るためには2000リットル、牛肉50gが使われているハンバーガー1

※15 環境省「バーチャルウォーターとは」(https://www.env.go.jp/water/virtual_water/)

※16 環境省「バーチャルウォーター量自動計算」(https://www.env.go.jp/water/virtual_water/kyouzai.html)

個を作るためには１０００リットルの水が使われています。

肉を食べるということは、同時に大量の水資源を消費したと考えることもできるのです。

では、日本のような食料を海外から輸入している国において、もしその輸入食料を自国で生産するとしたら、どの程度の水資源が必要になるのでしょうか。それを推定するために、「バーチャルウォーター（仮想水）」という概念があります。

日本の食料自給率が約[※17]40％と低いことは学校の授業でも習ったかと思います。つまり、水を大量に消費して生産される畜産物や農産物の多くを海外からの輸入に頼る日本は、バーチャルウォーターを海外から大量に輸入していると考えることもできます。

日本はアメリカやオーストラリアから大量の肉を、またブラジルやアルゼンチンなどから大量の飼料穀物を輸入していますが、これらの肉や穀物を生産す

※17　２０１９年度の日本の食料自給率はカロリーベースによる試算で38％。（農林水産省）

る段階においては、極めて多くの水が消費されています。**海外から畜産物や農産物を輸入するということは、それは形を変えた水（バーチャルウォーター）の輸入と言うこともできるのです。**

2005年において海外から日本に輸入されたバーチャルウォーターの総量[※18]は約800億立方メートルにもなり、その大半が食料に関係しています。日本は水資源が豊富な国と考えている人もいるかもしれません。しかし、バーチャルウォーターの輸入という観点から考えると、海外の水資源に大きく依存していることがわかります。**世界で水不足や水質汚染などの問題が起きれば、それは私たちの生活とも決して無関係ではないのです。**

2030年、不安視される「水戦争」の行方

「世界はこれから水不足の問題に直面する」と言われる所以を、簡単に説明しておきましょう。

※18 環境省「バーチャルウォーターとは」（https://www.env.go.jp/water/virtual_water/）

私たちの暮らす地球は「水の惑星」と呼ばれるほど、たくさんの水が存在しています。[※19]地球の表面の3分の2は水で覆われており、地球上に存在している水の量をすべて合計すると約14億立方キロメートルにもなるのです。

しかし、その大部分は海水のため、そのままの状態では資源として利用することができません。私たちが生活や農業、工業に利用することができる淡水は実に全体の2・5%、約3500万立方キロメートルしかないと言われています。

これだけでも驚きだとは思いますが、残念ながら現実はもっと厳しいです。地球上に存在する水のうち2・5%しかない淡水ですが、1・7%は氷河や南極の氷として存在しており、これもまた人類が資源としてすぐに活用することは難しいです。

地下水や河川、湖沼などの形で存在する淡水の量は地球全体の水のうち約0・8%に過ぎず、さらにこの大部分が地下水として存在しています。そのた

※19 国土交通省「世界の水資源」(https://www.mlit.go.jp/mizukokudo/mizsei/mizukokudo_mizsei_tk2_000020.html)

め、人類が取水しやすい状態の淡水は地球の水全体のわずか0・01%。量に換算すると約10万立方キロメートルしかありません。

つまり、私たち人類は非常に限られた水資源を分け合って生活しているということです。このことを大前提として頭に入れておくことが、世界の水不足を理解する上では欠かせません。

「水なんて循環するものだから問題ないだろう」と感じる人もいるかもしれません。しかし、水資源の分布には偏りが生じます。一部の地域ではよく雨が降るけれど、他の地域では干ばつが問題になるといったことです。

国連開発計画も「世界全体を見るとすべての人に行き渡らせるのに十分なだけの水量が存在しているが、国によって水の流入量や水資源の分配に大きな差がある」と指摘しています（『人間開発報告書2006』より）。国や地域によって、アクセスできる水資源の量には大きな格差があるのです。

現在78億人を超えた世界人口ですが、2030年には85億人を突破すると予測されています。そのため、UNESCO（国連教育科学文化機関）は「2030[※20]年には世界人口の47％が水不足になる」と懸念を発表しています。世界人口のうち、実に2人に1人が水不足に陥るという見立てです。

ある地域では清潔な水にアクセスできる一方、別の地域では清潔な水にアクセスできない。

地域間で得られる水資源の量に格差が生じれば、その格差が水を巡った争いに繋がるかもしれません。**20世紀は石油を巡って戦争が起こりましたが、21世紀は水資源を巡った戦争が起きるとすら言われているのです。**

現代の人類は、ただでさえ少ない水資源を分け合って生きています。先述した通り、肉を生産するためには大量の水を消費する必要があることを考えると、肉食が水不足の問題にも繋がることを理解できるはずです。水資源を巡った争いが起きるとすら危惧されている今、たとえ間接的だとしても、畜産業がその一因となる可能性は否定できません。

※20 UNESCO, New report highlights crucial role of water in development [http://www.unesco.org/new/en/media-services/single-view/news/new_report_highlights_crucial_role_of_water_in_development/]

世界人口[※21]は2030年には85億人、2050年には97億人に増えると予測されています。特にアジアやアフリカの国々では経済成長に伴い中流階級の人口が大きく増加することが予測されており、そのような国々では肉食に対するニーズも高まっていきます。**しかし、現時点においても畜産業に多くの水資源が使われており、世界ではすでに水不足が深刻化しているところもあります。**

水は人間が生きていくためには絶対に欠かせないものです。今後増えていく世界人口を養うための十分な水を確保するには、やはり肉食中心の食生活や現代の食システムを見直さなければなりません。

私たちは毎日茶碗1杯分の食料を捨てている

ここまで見てきたように、現代の畜産業、特に工業的な食システムのあり方を続けていく限り、持続可能な世界を実現することは難しそうです。今後は肉の消費量を減らしたり、代替肉[※22]や培養肉[※23]といった食肉テクノロジーに投資をしたり、または昆虫食[※24]の可能性を模索したりするなど、世界全体でやるべきこと

※21 国際連合広報センター「人口と開発」(https://www.unic.or.jp/activities/economic_social_development/social_development/population/)

※22 植物性の原料を使って肉のような味や食感を再現したもの。日本では「大豆ミート」などが知られる。

※23 動物から取り出した少量の細胞を、動物の体外で培養することで食肉にするもの。大豆ミートなどの代替肉と並び、肉食の新たな選択肢として注目されている。

※24 昆虫食は古来人間が続けてきた営みであり、豊富なたんぱく質や従来の家畜に比べると環境負荷が少ないことから、近年は「昆虫食が持続可能な食生活の一端を担う」として世界的に見直されてきている。2013年には国際連合食糧農業機関(FAO)が、食糧問題を解決する一つの選択肢として、昆虫を食

がたくさんあります。

ただ、肉食の未来を考えるのと同時に、私たちが見直さなければならないことが一つあります。**それは、まだ食べることができるにもかかわらず、大量の食品が廃棄されているという「食品ロス」です。**

工業的な食システムによって生産された食料は、環境や社会に大きな負荷をかけながら私たちのもとに届けられます。にもかかわらず、[※25]日本だけでも毎年612万トンの食べ物がまだ食べられる状態で廃棄されてしまっているのです。

国民一人当たりに換算すると、毎日お茶碗1杯分の食料を捨てていることになります。ちなみに612万トンという量は、東京ドームに換算すると約5杯分にもなるようです。あまりの量の多さに、想像することさえ難しいですね。

世界全体では毎年約13億トンの食料がまだ食べられる状態で廃棄されており、これは食料生産量の3分の1に当たります。つまり、**私たちは大量の資源**

用としたり、家畜の飼料にしたりすることを推奨する報告書を公表している。

※25 農林水産省「食品ロスの現状を知る」(https://www.maff.go.jp/j/pr/aff/2010/spe1_01.html)

を消費し、社会や環境に大きな負担をかけながら畜産物や農産物を生産しているにもかかわらず、生産された食料の大部分は誰の胃袋にも入ることなく、まだ食べることができる状態で捨てられてしまっている、ということです。

第2章では地球環境や途上国の労働環境に負担をかけながら大量生産された服が、新品のまま大量廃棄されている衣服ロスについて見てきました。それと構造的には同じような問題が食べ物においても起きています。

工業的な食システムによって大量生産が可能となり、私たちは食べたいものを安く、そしてたくさん手に入れられるようになったかもしれません。しかし、それによって様々な犠牲が生まれてしまっていることにも気づく必要があります。

毎日の営みだからこそ「食」を見直す

ここまで肉食が引き起こす様々な問題を見てきましたが、読者の中にはこのように感じている方もいるかもしれません。

「社会問題の解決も大事だろうが、それでも肉は食べたい」
「食べ盛りの子どもがいる私は、家族のことも考えると簡単に食生活を変えられない」
「自分一人が肉を食べる量を減らしたところで、何も変わらないだろう」

私自身、肉食と社会問題の繋がりを初めて知った時には、同じような気持ちになりました。**しかし、どんなことにおいても「0か、100か」で考えてしまうのではなく、中庸な視点を持つことが大切です。**

この章の最後に、現代の食システムが引き起こす問題を知った私たちは何を考え、そして何をするべきか、一緒に考えてみましょう。

ヴィーガンやベジタリアンの菜食主義者になることは難しくても、生活の中で肉を食べる量を減らすことはできるかもしれません。特に環境への影響が大きいとされている牛肉を減らすことには、一定の意義があると言われています。

しかし、残念ながら自分一人が肉を食べる量を減らしたところで、社会は大きく変わらないというのも現実です。本章の冒頭でも述べたように、食の欧米化が進んだ日本ではこの50年間で肉の消費量が大きく増えました。とはいえ、諸外国に比べると日本人の肉消費量は少ない方です。アジアやアフリカの途上国を中心に、経済成長や人口増加に伴って食の欧米化が世界全体で進めば、今日の夕飯で肉を食べるのをやめたとしても焼け石に水でしょう。

また、本章では工業型畜産の問題点を中心に見てきましたが、同じく工業型農業にも様々な問題が指摘されています。例えば窒素[※26]を含む化学肥料が農地に投入されると、その一部が土壌中の微生物によって亜酸化窒素（N_2O）に変化することが知られています。[※27]この亜酸化窒素は大気中に放出されると二酸化炭素の約３００倍もの温室効果があるとされており、温暖化防止の観点から非常に問題視されているのです。そのため菜食に移行したとしても、それですべてが解決されるわけではありません。

※26 やまがたアグリネット「畑地から発生する亜酸化窒素を測定中」[https://agrin.jp/page/21122/]

※27 日本学術振興会「最先端・次世代研究開発支援プログラム」[https://www.jsps.go.jp/j-jisedai/data/green/GS027_outline.pdf]

本章で見てきたことを一言で表すならば、工業化した食システムがもたらす問題です。このシステムを変えていかない限り、問題を根本的に解決することはできません。社会全体として現代の食システムが引き起こす問題と向き合い、みんなで議論をし、消費者、企業、そして政治が一体となって取り組んでいく。そのような大きなうねりを作り出し、「みんなが口にしているもの」を変えていくことが必要です。

本来「食」というのは、人間の営みの基本をなすものであったはずです。にもかかわらず、効率性を重視し、大量生産を実現するために過度な工業化がされたことによって、私たちの手からは切り離されたものとなってしまいました。

その結果として、普段私たちが口にしている食べ物が、どんな現場で生産され、そこではどんなことが行われ、それが社会に、環境にどんな影響をもたらしているのか、私たちの目には届きにくくなってしまいました。本書を読むことで、初めて食生活と社会問題の繋がりを知った方も多いのではないでしょうか。

近年は食のあり方を変えることによって様々な問題を解決しようとする考え方も広がっており、ヴィーガンやベジタリアンなどの菜食主義ムーブメントは、まさにその一つです。私の周りにも菜食主義に転向したり、肉を食べる量を意識的に減らしたりする人も増えてきました。「身近な生活を通じて環境問題や社会問題の解決に貢献したいから」という理由でそうする方も多いようです。

食は私たちの生活の根幹を成しています。一朝一夕で変えることは難しいでしょう。特にヴィーガンの話題は、ネット上だと炎上やバッシングのターゲットになりやすい傾向があり、人によっては自らの生活を否定されているように感じてしまう人もいるかもしれません。しかし、そのようなムーブメントが世界全体で起きている背景には、必ず理由があるのです。

もちろん社会問題の解決ばかりを考えて生活にストレスを感じたり、自らの欲求に蓋をし続けていたりすれば、それもまた持続可能な取り組みということ

※28 肉類に含まれるたんぱく質は、人間の体を作るためには欠かせない栄養素。仮に肉類の消費量を減らす

はできません。しかし、現代の食システムが世界で起きている様々な問題と関係していることは、残念ながら疑いようのない事実です。持続可能な社会を築いていくのであれば、好むにせよ好まないにせよ、私たちは自らの食生活を見直さなければならない時に差し掛かっています。

今すぐ食生活を変えるということには、抵抗を覚える方もいるかもしれません。**しかし、食というのは毎日の営みだからこそ、私たちが食べているものはどこから来ていて、どんな影響を社会にもたらしているのか、まずは自らの食生活を見直してみること、そして周りの家族や友人に伝え、ともに考えていく姿勢が大切です。**

私自身の話をすれば、そもそも私は健康の観点から1日2食（昼食と夕食）しか食べません。[※28]昼食は基本的に肉は避け、大豆やナッツ類、野菜を中心に摂り、夕食でも肉を食べる量はできる限り減らしています。肉を食べるとしても、環境負荷が比較的少ないとされている鶏肉や豚肉を選んだりしています。

また、スーパーで買い物をする際は、[※29]消費期限や賞味期限が近くなっている食

にしても、健康を維持するためには魚介類や豆類などからたんぱく質をしっかりと摂取することが必要である。

※29 消費期限とは、定められた方法を守って保存していた場合、表示された年月日まで「安全に食べることができる期限」を指す。弁当や惣菜、肉類や生麺など、傷みやすく品質の劣化が急速に進む食品に表示される。

一方の賞味期限とは、定められた方法を守って保存していた場合、表示された年月日まで「品質が変わらず美味しく食べられる期限」を指す。スナック菓子やカップ麺、缶詰やペットボトル飲料など、比較的傷みにくく、品質が劣化しにくい食品に表示される。

参考：農林水産省「消費期限と賞味期限」（https://www.maff.go.jp/j/syokuiku/kodomo_navi/featured/abc2.html）

べ物を優先的に選ぶなど、「もったいない」の精神で、ほんの僅かでも食品ロスを減らせるように意識しています。その上で、家族や友人とたまに外食をする際には、特に気にすることなく食事を楽しんでいます。

食生活を変えるのは、自分の身近な所で社会問題に取り組む方法である一方、「継続性」が求められます。無理にストレスを感じることなく、自らのできる範囲で長期的に取り組んでいく姿勢が大切です。

残念ながら自分一人が肉の消費量を減らしたところで、社会が大きく変わることはありません。**それでも、食を変えるというのは、選挙でいう投票と同じです。一票一票の積み重ねが大切であるように、一人ひとりの行動の積み重ね、そして周りを巻き込んでいく姿勢が大切になります。**

食事を楽しむ気持ちを忘れてはいけません。無理なく、それこそ持続可能な形で、社会問題を解決していくあり方を模索していきましょう。

コラム

菜食と肉食を切り分ける「フレキシタリアン」

無理せず続けられる新しいベジタリアンの形

菜食主義者を意味するベジタリアンにも、実は様々な種類があります。

ヴィーガン[※]…肉、魚をはじめ、卵、乳製品などを摂取せず、植物性の食品のみを口にする完全菜食主義者

ラクト・ベジタリアン…肉、魚や卵は食べないが、牛乳やチーズ、ヨーグルトなどの乳製品は食べる

オボ・ベジタリアン…肉、魚、牛乳は食べないが、卵は食べる

ペスカタリアン…肉を食べないだけで魚、卵、乳製品は食べる　等

そして近年は「フレキシタリアン」と呼ばれる人たちも登場しています。

フレキシタリアンとは**「基本的には動物性の食事の摂取を控えるが、状況に応じて時々は食べる」**という食生活の人を指す言葉です。

食事というのは、一つの社交の場でもあります。私の身の回りでも「ヴィーガンになろうと試みたが、家族や友人と食事をする時に相手に合わせることが難しく、挫折した」と話す方もいます。

そのため、自宅で自炊をする時は基本的に菜食中心にするが、家族と外食をしたり、友人と会食する時は肉も食べるといったように、フレキシブル、つまりは柔軟な食生活を送っている人たちがフレキシタリアンです。

近年は代替肉の市場も拡大しつつあります。代替肉とは、植物性の原料を使って肉のような味や食感を再現するものです。日本では「大豆ミート」という言葉のほうが知られているかもしれません。フレキシタリアンの中には、自炊をする際は大豆ミートを使っている人も多いようです。

また、世界ではミート・フリー・マンデー（Meat Free Monday）というムーブメントも行われています。直訳すると、肉なしの月曜日。工業型畜産がもたらす様々な社会問題に目を向けるため、週一日、せめて月曜日だけは肉をやめて菜食にしようという運動です。ＳＮＳでも「#MeatFreeMonday」で検索してみると、様々な取り組みを目にすることができます。

世界で起きている菜食主義ムーブメントにも、実は多様な関わり方があります。最初の一歩はどんなに小さくても大丈夫です。ご自身にもできることがないか、ぜひ興味が湧いたものを調べてみてください。

※日本ではヴィーガンは食のスタイルの一種類として認識されることが多いが、本来はすべての物事において、できる限り動物の犠牲を避けるライフスタイルを指す。１９４４年にイギリスで設立されたThe Vegan Society（ヴィーガン協会）によれば、ヴィーガニズムとは「食用、衣料用、その他の目的での動物の搾取や虐待を可能な限り排除し、動物や人間、環境のために動物を使用しない代替手段の開発と使用を促進するための哲学であり、生活様式である」と定義されている。

第4章

世界最悪の紛争とスマートフォン

『ブラックパンサー』という米マーベル社が制作したアクション映画があります。

舞台はアフリカの架空の国、ワカンダ。巨大なパワーを秘める鉱石ヴィブラニウムの産出地であり、その鉱石が他国の手に渡らないよう、周辺からは隔絶され、独自の発展を遂げてきた――。

日本を含む世界中で大ヒットした映画なので、読者の中にも観たことのある方がいるのではないでしょうか。

私はこの映画を観て、ある思いが芽生えました。

「もしもアフリカのある国が外国から干渉されず、自国に眠る資源を自国の発展のために有効活用できたとしたら、ワカンダのように発展できたのだろうか」

私たちが暮らしている日本は世界第4位のエネルギー消費国です。[※1] しかし、自国から生産される天然資源は非常に少なく、エネルギー自給率はわずか11・8％。これは先進国の中でも極めて低い数値で、石油や天然ガスをはじめ、エネルギー資源のほとんどは海外からの輸入に頼っています。

※1 経済産業省 資源エネルギー庁「2020―日本が抱えているエネルギー問題（前編）」（2020年11月18日）〔https://www.enecho.meti.go.jp/about/special/johoteikyo/energyissue2020_1.html〕

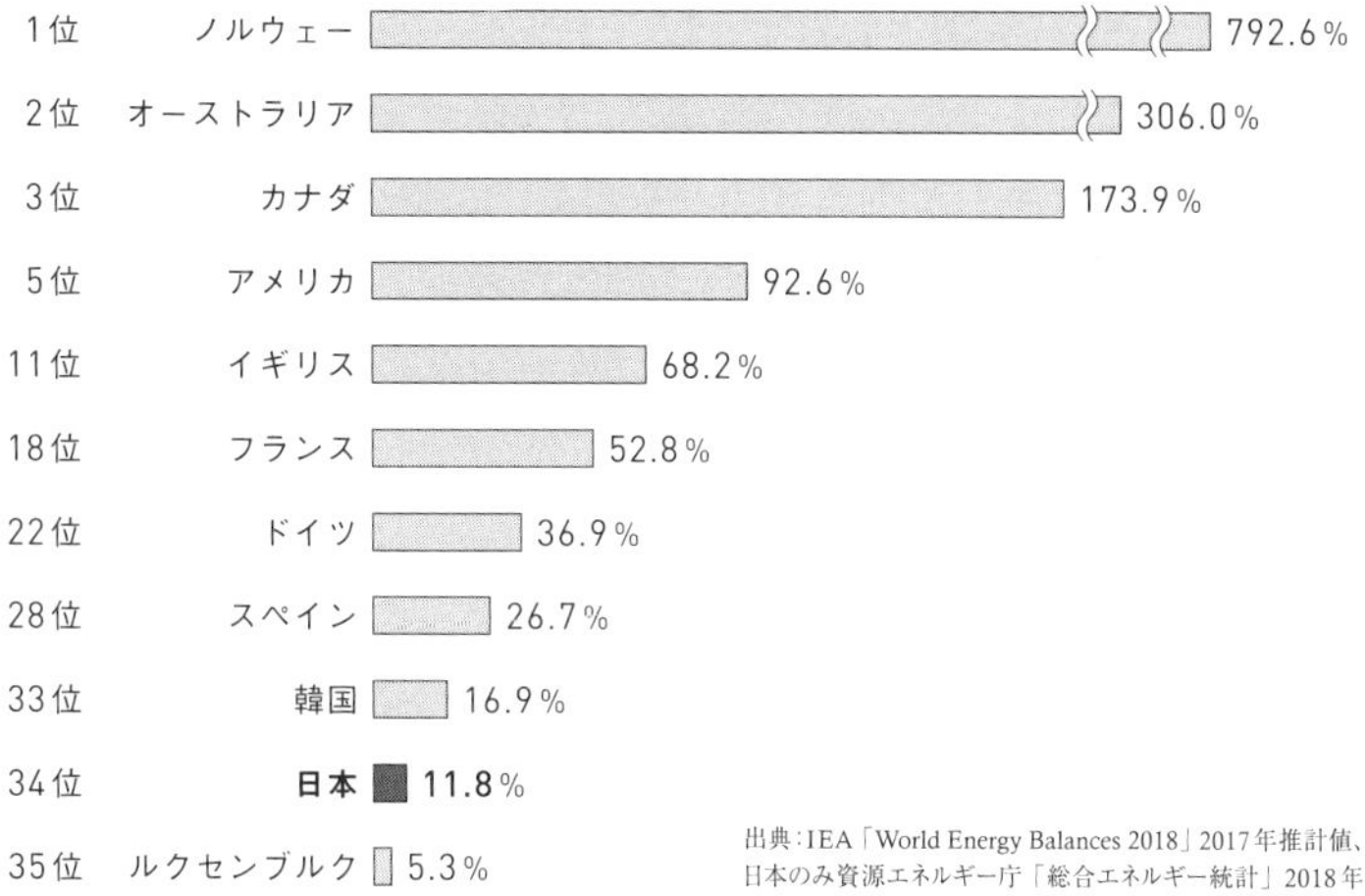

出典：IEA「World Energy Balances 2018」2017年推計値、日本のみ資源エネルギー庁「総合エネルギー統計」2018年度確報値をもとに作成

図2 主要国のエネルギー自給率

各国で産出される資源の量や種類には地理的な要因が大きく関係しています。そのため、資源を海外に頼っている日本の私たちからすれば、「日本も資源が豊富だったらよかったのに」と感じる人もいるかもしれません。

しかし、世界を見渡してみると、資源が豊富にあるからといって、必ずしもその国の国民が恩恵を受けられているわけではないことがわかります。いや、むしろ豊富な資源があることによって、**数百年間にわたって、紛争、人権侵害、**

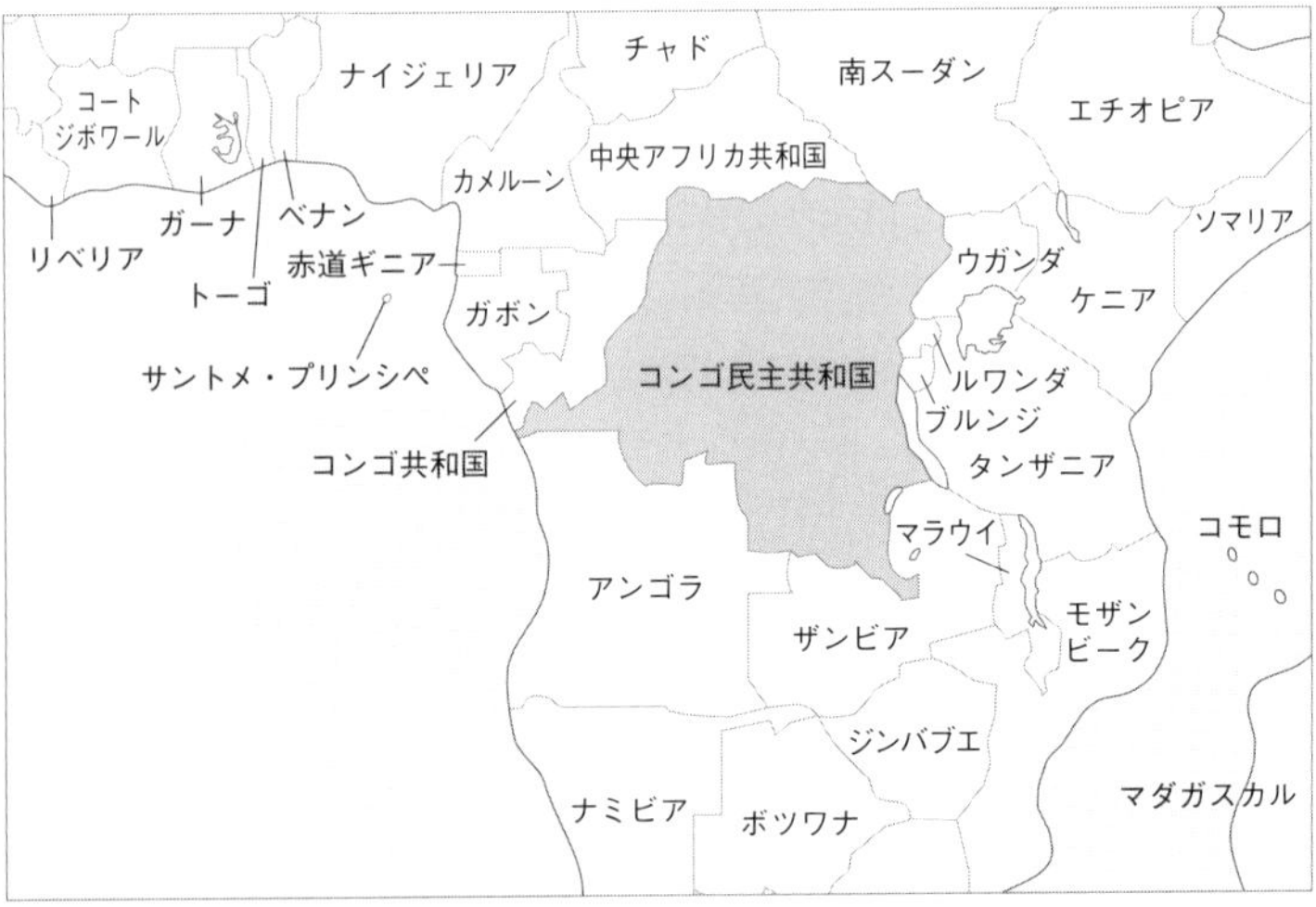

図3 コンゴ民主共和国周辺地図

外国による搾取に苦しみ続けている国が存在します。

中でもアフリカ中央部に位置するコンゴ民主共和国（以下コンゴ）は、その最たる例と言えるでしょう。

2021年5月に起きたニーラゴンゴ火山の大規模噴火で、一時的にニュースでコンゴが大きく取り上げられました。とはいえ、日本でコンゴが話題になることは滅多にありません。[※2]コンゴという国名自体、初めて聞いたという方もいるのではないでしょうか。

※2 アフリカには二つのコンゴ、コンゴ民主共和国とコンゴ共和国が存在する。本章で取り上げるのはコンゴ民主共和国（Democratic Republic of the Congo）。

しかし、コンゴで起きている紛争や人権侵害の問題は、日本に暮らす私たちの生活と決して無縁ではありません。コンゴで採掘される様々な鉱物は、スマートフォンやノートパソコン、ゲーム機といった電子機器、近年では電気自動車の製造などにも使われており、私たちの生活とも繋がっているからです。

アフリカが直面している貧困問題について発信していると、「なぜアフリカには天然資源が豊富に存在するのに、それを活かして発展することができないのか」「豊かな資源を活用できていないのは、現地の人たちの能力に問題があるからではないか」といったコメントが頻繁に寄せられます。**しかし、むしろ豊富な天然資源の存在こそが、先進国からの介入や現地の争いを引き起こしている側面があることを見落としてはなりません。**

第3章でバーチャルウォーター（仮想水）について触れた際、畜産物や農産物の輸入を通じて海外の水資源に頼っている日本は、世界で起きる水不足の問題とも無関係ではないことを説明しました。それと同様に、石油や鉱物などの資源を海外に頼っている日本は、世界で起きている資源を巡った争いにも無関係ではありません。

本章ではコンゴを例に、アフリカで起きている紛争や人権侵害と私たちの生活がどのように繋がっているのか見ていきましょう。

なぜ資源が豊富な国で貧困が起こるのか

コンゴの事例について解説する前に、「アフリカの国々には石油や鉱物など天然資源が豊富に存在するのに、なぜ発展することができないのか」という疑問にお答えしておきます。

アフリカにはナイジェリアやアンゴラをはじめ、巨大な油田を有する産油国がいくつもあります。レオナルド・ディカプリオが主演を務めたことで知られる映画『ブラッド・ダイヤモンド』では、1991年から2002年まで内戦が続いた西アフリカのシエラレオネで、ダイヤモンドが豊富に産出されている様子が描かれています。

特に近年のアフリカで注目されている資源が希少金属、いわゆる**レアメタル**です。

レアメタルとは「[※3]地殻中の存在量が比較的少なく、採掘と精錬のコストが高いなどの理由で流通・使用量が少ない非鉄金属」を指します。例えばスマートフォンやノートパソコン、デジタルカメラやゲーム機器の製造に使われるコンデンサ[※4]に必要なタンタル、電気自動車[※5]などに搭載されるリチウムイオン電池の製造に使われるコバルトやリチウムなどがあります。

これらレアメタルが豊富に産出されるのが、本章の主役でもあるコンゴです。これに関しては、後ほど詳しく解説します。

しかし、天然資源が豊富に産出されるからといって、その恩恵を国民全員が受けられているわけでは決してありません。資源が豊富な国々においても、貧困に喘いでいる人たちは数多く残されています。

※3 国立研究開発法人物質・材料研究機構「レアメタル・レアアース特集」(https://www.nims.go.jp/research/elements/rare-metal/study/index.html)

※4 電気を蓄えたり、放出したりする電子部品。

※5 経済産業省 資源エネルギー庁「EV普及のカギをにぎるレアメタル」(2018年4月20日)(https://www.enecho.meti.go.jp/about/special/johoteikyo/ev_metal.html)

※6国際機関の世界銀行は、世界的な貧困の基準として「国際貧困ライン」を定めており、1日1・9ドル未満（日本円に換算すると約200円以下）で生活する人々を貧困層と定義しています。この金額を下回ると、人間として生きていくために最低限必要な衣食住のニーズすら満たすことが難しいとされ、いわゆる「絶対的貧困」※7の状態にあたります。

この定義に照らし合わせてみると、ナイジェリア※8の貧困率は39・1％、アンゴラの貧困率は49・9％、シエラレオネの貧困率は43％です（世界銀行、2018年）。**石油や鉱物が豊富に産出される国であっても、いまだに多くの国民が絶対的貧困下で生活を送っていることがわかります。**

また、平均寿命や就学年数などをもとに、保健、教育、所得という3つの側面から国の開発度合いを包括的に測る指標に「人間開発指数」（Human Development Index）があります。国内総生産（GDP）といった経済的側面だけに注目した従来の指標とは異なり、その国の開発度合いを包括的に測る指標として、国際協

※6 世界銀行「世界の貧困に関するデータ」（2018年10月5日）[https://www.worldbank.org/ja/news/feature/2014/01/08/open-data-poverty]

※7 絶対的貧困に対して、日本で問題視されている貧困は相対的貧困。相対的貧困とは、日本の生活水準や文化水準と比較して貧しい生活を送っている状態を指し、全世帯の所得の中央値の半分以下と定義されている。日本の所得（等価可処分所得）の中央値は253万円のため、その半分の年収約127万円以下で生活を送っている人が相対的貧困層になる。
参考：厚生労働省「各種世帯の所得等の状況」[https://www.mhlw.go.jp/toukei/saikin/hw/k-tyosa/k-tyosa19/dl/03.pdf]

※8 The World Bank, Poverty headcount ratio at $1.90 a day (2011 PPP) (% of population) - Nigeria[https://data.

力の世界では頻繁に使われます。

[9]この人間開発指数ランキングを見ても、調査対象となった世界189か国中ナイジェリアは161位、アンゴラは148位、シエラレオネは182位です。資源が豊富な国においても、多くの国民の生活が大変な状況にあることがわかります。

一部の権力者だけが潤う「資源の呪い」

石油や鉱物などの天然資源が豊富に産出される国々では、資源採掘に関わる一部の権力者たちは莫大な富を蓄えている一方で、大多数の国民はその恩恵を受けることができていません。なぜ資源が豊富な国において貧困がなくならないのでしょうか。

[10]資源が豊富な国では、為政者たちは国家の財源を資源ばかりに依存できてし

worldbank.org/indicator/SI.POV.DDAY?locations=NG)

The World Bank, Poverty headcount ratio at $1.90 a day (2011 PPP) (% of population) - Angola (https://data.worldbank.org/indicator/SI.POV.DDAY?locations=AO)

The World Bank, Poverty headcount ratio at $1.90 a day (2011 PPP) (% of population) - Sierra Leone (https://data.worldbank.org/indicator/SI.POV.DDAY?locations=SL)

※9 United Nations Development Programme, Latest Human Development Index Ranking (http://hdr.undp.org/en/content/latest-human-development-index-ranking)

※10 落合陽一『2030年の世界地図帳 あたらしい経済とSDGs、未来への展望』(SBクリエイティブ)

まいます。つまり、公共事業を通じてインフラ整備をしたり、教育機会を広げたり、国民からの税金を集めたりしなくても、莫大な富を得ることができてしまうのです。

また、資源産業を財源の柱にしてしまえば、他の産業を育てる必要性もありません。すると市場が空洞化し、高賃金の雇用も生まれない。**こうして資源から得られる富は一部の権力者たちに独占される一方、大多数の国民は自ら富を生み出す手段を持たず、貧困から脱却できないという構造があるのです。**

このような構造がアフリカの資源産出国で起きやすい背景には、ヨーロッパやアメリカ、さらに近年では中国など、外国勢力によるアフリカへの介入も強く関係しています。

そもそもアフリカのほとんどの国々は、16世紀から19世紀半ばまでヨーロッパが主導した奴隷貿易によって搾取されていました。そして19世紀末から20世紀半ばまでは植民地支配下にあり、長い間資源や原料を収奪されてきました。

第二次世界大戦の終結以降、世界全体で「脱植民地化」の流れが起こります。とはいえ、奴隷貿易時代から植民地支配の時代まで数百年にわたってアフリカから資源を奪い続けてきた西欧列強が、簡単にアフリカを手放すはずがありません。**この後の時代も、植民地支配とは異なる形で、外国政府や外国企業がアフリカに眠る豊富な資源を収奪する仕組みが巧妙に作られていきます。**

1960年にはフランス領植民地を中心に17か国が一気に独立し、「アフリカの年」とすら呼ばれました。当時はアメリカが率いる資本主義陣営対ソ連が率いる社会主義陣営の冷戦下です。植民地からの独立以降も、アフリカ各国は冷戦の主要関係国に翻弄され続けます。

例えば1965年にコンゴの大統領に就任したモブツは、大量の資金や武器を援助してもらう代わりにコンゴの天然資源をアメリカやベルギーに売り続けていました。[※11] **その背後には資本主義陣営側の「社会主義勢力にコンゴの資源を奪われたくない」という思惑もあったのです。**この時代のコンゴの混乱や西欧列強によるアフリカへの介入は、後ほど詳しく解説します。

20世紀末に冷戦は終わりを告げましたが、21世紀に入ってからアフリカの資

※11 当時はコンゴの隣国であるアンゴラが社会主義政権下にあり、アメリカ率いる資本主義陣営は「共産主義のドミノ」、つまり「ある一国が共産主義化すれば、ドミノ倒しのように周りの国々も共産主義化してしまう現象」がアフリカで起きてしまうことを恐れていた。モブツ政権はアンゴラの反政府勢力を支援していたが、西側諸国にとってモブツ政権が「共産主義のドミノ」を防ぐ防波堤になっていたことも独裁を黙認し続けた理由と言われている。

源に目をつけ、影響力を大きく伸ばしているのが中国です。「世界の工場」として急激に経済成長していた中国は、国内のエネルギー需要を満たす必要があります。そのためアフリカの資源国を中心に大規模な援助や投資を行い、その見返りとして石油や鉱物など様々な天然資源を得ているのです。

私自身もアフリカで活動している時、中国企業による道路建設などインフラ整備の場面を度々目にしていましたが、**その背後には「現地で産出される資源を中国に運び出すため」という思惑も関係しているのです。**

このように、天然資源に恵まれたアフリカの国の為政者たちは、資源を外国に売り渡すことによって、もしくは売り渡〝させられる〟ことによって、莫大な富を得ることができます。資源の権益を一度でも抑えた権力者はその特権を簡単に手放そうとはしません。また資源を得られる側の外国にとっては、自分たちの言うことを何でも聞く従順な指導者のほうが都合がいいわけです。

例えばアメリカは、口では民主主義や人権の大切さを謳っておきながら、自国にとって都合のいい存在であるコンゴのモブツ大統領による独裁を32年間にわたって許し続けました。

近年アフリカ大陸に大きく影響力を広げている中国は、よその国の政治体制にはそもそも口出しをしない原則をとっています。他国の政治に自分たちが干渉してしまえば、逆に中国共産党が一党独裁体制で主導する中国国内の政治に対しても、他国から干渉されてしまうリスクがあるからです。

また、中国がアフリカ諸国を援助する動機には、アフリカに親中政権を増やすことで「国連総会をはじめとした国際政治の舞台において、中国に賛成票を投じる国を増やすため」という意図もあります。そのため中国の国益にとってメリットがあるならば、たとえアフリカの相手国が独裁政権だとしてもお構いなしに援助をします。

資源だけで莫大な収入が得られれば、その国の政府は他の産業を発展させるイニシアティブを取りたがりません。教育機会や法整備が不十分であれば、民間から新たな仕組みを作ろうとするイノベーターも生まれにくいでしょう。

資源を売り渡すことによって、アフリカ各国の政府は外国から多額の資金援助や収入を得られるため、国民から税金を集める必要性もなくなります。その**結果として、国の政策を作っていく上でも、国民の顔色以上に外国の顔色をうかがって判断することになるのです。**これもまた、アフリカで民主主義が根付きにくく、独裁政権が生まれやすい原因と考えられています。

天然資源に恵まれているにもかかわらず、その大部分は一部の為政者や外国政府、さらには外国資本の企業に吸い上げられてしまい、富の再分配が行われてこなかった。その結果、アフリカ大陸では貧富の差が極端に拡大してきました。

2019年9月にイギリスに拠点を置く国際NGO「オックスファム」が発表した報告書『A TALE OF TWO CONTINENTS』※12（2つの大陸物語）によれば、アフリカでは0・0001％の富裕層が大陸全体の富の40％を所有しています。また、上位3人の大富豪の資産が、アフリカ大陸全人口の約半数にあたる貧困層約6億5000万人の資産を合計した額を上回ることが指摘されています。

※12 OXFAM, A TALE OF TWO CONTINENTS(https://oi-files-d8-prod.s3.eu-west-2.amazonaws.com/s3fs-public/file_attachments/bp-tale-of-two-continents-fighting-inequality-africa-030919-en.pdf)

ここまで見てきたように、石油や鉱物などの資源が豊富に存在するほど、逆に貧困の深刻化や経済成長の遅さ、産業の未発達に悩まされるという現象を「資源の呪い」といいます。**「資源が豊富なのにアフリカは貧しい」ではなく、「資源が豊富だからアフリカは貧しい」のです。**

もちろん豊富な資源の存在だけを、アフリカに蔓延する貧困の原因とすることはできません。例えば石油や天然ガスに恵まれている北欧のノルウェーは、人間開発指数ランキング[※13]でも世界189か国中1位となっています。豊富な資源を自国の発展に活かせるか、それとも資源の呪いに苦しめられるかは、政府が機能しているかどうかにも大きく左右されます。

しかし、アフリカの場合は16世紀から19世紀半ばにかけて行われた奴隷貿易、19世紀末から20世紀中盤まで続いたヨーロッパによる植民地支配、さらには20世紀末まで続いた冷戦下での主要関係国による介入など、数百年間にわたって西欧列強に翻弄されてきた歴史があります。

※13 United Nations Development Programme, Latest Human Development Index Ranking（http://hdr.undp.org/en/content/latest-human-development-index-ranking）

ヨーロッパやアメリカ、さらには日本など、いわゆる「先進国」と呼ばれる国々は数百年かけて少しずつ近代国家としての道のりを歩んできました。一方で、アフリカの多くの国々では外国勢力に翻弄されてきたがゆえに、そのような近代化の歴史がありません。

そういった歴史の欠如が、国家の基本的な役割である富の再分配、また民主主義のような近代的システムが根付きにくい原因にもなっています。結果として「資源の呪い」にも苦しめられやすくなるのです。

日本人が知らない世界最悪のコンゴ紛争

アフリカ中央部に位置するコンゴも、資源が豊富に産出されるにもかかわらず、国民が極度に貧しい生活を強いられている国の一つです。

コンゴは面積が日本の約6倍とアフリカ大陸では2番目に大きく、広大な草原と熱帯雨林に覆われた自然豊かな国です。コンゴ東部にしか生息していないゴリラの亜種・東ローランドゴリラなどの希少動物が見られることや、金や銅、ゴム、木材、スズ、ダイヤモンドなど、豊富な資源が産出されることで知られています。

その一方で、人口[※14]の73％、約6000万人が、国際貧困ラインとされる1日1・9ドル以下を下回って生活する絶対的貧困層であると推定されています。また、人間開発指数[※15]においてもコンゴは189か国中175位となっており、常に世界最貧国の一つです。

まずは簡単に、コンゴの歴史と紛争の概要を見ていきましょう。

コンゴは1960年、ベルギーの植民地支配から独立します。独立運動を指揮し、コンゴの初代首相に就任したパトリス・ルムンバは、これ以上コンゴの天然資源が外国勢力に奪われないための政策を掲げ、コンゴの自由と主権を取り戻すべく闘いました。**「コンゴの天然資源はコンゴ人のために使う」と表明したのです。**

※14 The World Bank, The World Bank in DRC〔https://www.worldbank.org/en/country/drc/overview〕

※15 United Nations Development Programme, Latest Human Development Index Ranking〔http://hdr.undp.org/en/content/latest-human-development-index-ranking〕

ルムンバは今でも「アフリカの英雄」として称えられています。

しかし[※16]、アメリカ率いる資本主義陣営にとって、ルムンバによる資源の国有化政策は非常に不都合でした。コンゴに眠る豊富な資源、特に爆弾を作るために欠かせないコバルトは当時ソ連とコンゴにしか存在しなかったからです。

そのため1961年、アメリカはルムンバを共産主義者扱いし、ベルギーと画策して暗殺しました。

1965年には、当時の国軍参謀総長だったモブツがアメリカの支援を受けて大統領に就任、国名をザイール共和国に変更します。年配の方であれば、コンゴよりもザイールという国名のほうが馴染みがあるかもしれません。

その後のコンゴ（ザイール）では、32年間にわたってモブツによる独裁政治が続きました。

この間、アフリカ大陸の中央部に資本主義陣営の影響力を維持し、コンゴの資源を社会主義陣営に奪われないため、アメリカはモブツ政権の独裁には目を

※16　米川正子『世界最悪の紛争「コンゴ」――平和以外に何でもある国――』（創成社新書）

つむり、資金と武器を渡し続けていたのです。

モブツ独裁時代の政治は腐敗し、コンゴ経済[※17]はどん底に陥っていったことで多くの餓死者が出た一方、モブツ自身の私生活は贅沢を極め、豪華絢爛な大統領宮殿や私邸を有していました。

1989年のマルタ会談で冷戦が終結したことによって、アメリカはコンゴへの関心を失います。ソ連の脅威を心配する必要がなくなったからです。

その後1996年には第一次コンゴ紛争が勃発し、翌年1997年には隣国ウガンダやルワンダから支援を受けたローラン・カビラ率いる反政府勢力がモブツ政権を打倒しました。

[※18]ウガンダやルワンダがコンゴ紛争に介入した理由は、表向きには「コンゴ国内にいる自国の反政府勢力を攻撃するため」というものでした。しかし**実際には、コンゴに眠る豊富な天然資源を手に入れたいという思惑もあったのです。**

しかし、大統領に就任したカビラは、ウガンダやルワンダなどの外国勢力をコンゴ国内から排除しようとしたことで、再び紛争が勃発します。コンゴ国内

※17 当時のコンゴ（ザイール）の収入は銅の輸出に大きく依存していたが、1975年に銅価格が世界的に大暴落したことによって輸出収入が激減し、コンゴが経済危機に直面する大きな要因となった。この事例からもわかるように、国の経済構造が資源輸出ばかりに支えられていることには大きなリスクが伴う。参考：大林稔「ザイールにおける債務累積」（日本貿易振興機構〔ジェトロ〕アジア経済研究所／Institute of Developing Economies, Japan External Trade Organization）〔https://ir.ide.go.jp/?action=pages_view_main&active_action=repository_view_main_item_detail&item_id=48499&item_no=1&page_id=39&block_id=158〕

※18 小川真吾『ぼくらのアフリカに戦争がなくならないのはなぜ？』（合同出版）

の反政府勢力や周辺諸国を巻き込みながら、「アフリカの世界大戦」と呼ばれるほど大きな紛争へと繋がっていくのです（第二次コンゴ紛争）。

2002年末に和平合意が成立したことで、第二次コンゴ紛争は一応の決着がついたように思えました。しかし、紛争中に誕生した様々な武装勢力は離合集散を繰り返しながら、特にコンゴ東部ではその後も散発的な戦闘が続きます。

2003年以降も何度か停戦合意が結ばれてはいますが、十分に機能しているとはいえず、現在[19]に至るまで紛争が続いているのです。

世界で起きている紛争といえば、中東のシリアやイエメン、さらにはパレスチナといった国々を思い浮かべる方が多いでしょう。普段から国際ニュースをチェックしている方なら、自衛隊が派遣されていたことでも知られるアフリカの南スーダン、また2021年8月にタリバンが実権を握ったアフガニスタンが頭をよぎるかもしれません。

しかし、コンゴ[20]で起きている紛争では累計600万人以上の犠牲者が出てい

※19 コンゴ紛争について概略を説明したが、実際にはコンゴ紛争は大国や周辺国の思惑が絡まり、様々な武装勢力が乱立して戦った非常に複雑な紛争である。さらに詳しく知りたい方は、かつて私が所属していた認定NPO法人テラ・ルネッサンス理事長・小川真吾氏著作『ぼくらのアフリカに戦争がなくならないのはなぜ？』（合同出版）をご覧いただきたい。

※20 SYNODOS「コンゴの紛争下における性暴力、紛争鉱物とグローバル経済——ドキュメンタリー映画『女を修理する男』上映会」（2016年6月9日）（https://synodos.jp/opinion/international/17778/）

ると考えられています。この数は第二次世界大戦以降に起きた紛争としては最大の犠牲者数です。戦闘による直接的な殺害のみならず、その大部分は餓死や医療機会の欠如によってもたらされています。

それにもかかわらず、コンゴで起きている紛争について知っている日本人は、非常に少ないと思われます。

私も自身が運営するユーチューブチャンネルでコンゴについて何度か取り上げたことがありますが、「そもそもコンゴが二つあることを知らなかった」「コンゴで紛争が起きていた事実を初めて知った」といったコメントも寄せられます。

日本の国際ニュースでコンゴが話題になることはほとんどありません。日本は世界と比べてみると、歴史的にアフリカとは関わりが少ない国です。かつてコンゴを植民地支配していたベルギーや、アフリカ大陸に多くの植民地を持っていたイギリスやフランス、冷戦時代に資本主義勢力をアフリカに広げようとしていたアメリカとは異なります。コンゴはおろか、日本人でアフリカに関心を持っている人はごく少数でしょう。関心を持っている人が少なければ、メディアでコンゴについて扱おうとする人も出てきません。数字が取れないからです。このような背景も、日本でコンゴ紛争が知られにくい一つの原因となっています。

紛争地域でレイプが横行する理由

本項には性暴力に関する記述が含まれます。ご注意ください。

2002年末の和平合意後も散発的な戦闘が続いているコンゴ東部で大きな問題となっていることがあります。[※21]**武装勢力の人間たちによって行われる住民へのレイプ（性暴力）です。**女性や少女だけではなく、男性や少年も被害を受けることがあります。

[※22]国連機関の推計によると、1998年以降少なくとも20万人の女性がレイプ被害を受けており、[※23]2020年だけでも女性675人、少女370人、男性3人、少年5人の計1053件のレイプ被害が記録されています（「国連コンゴ民主

※21 実際には武装勢力だけではなく、本来は住民を守る役割を担うはずのコンゴ国軍の兵士までもが、性的暴行をはじめとした住民への人権侵害を行っていることが報告されている。

参考：華井和代『資源問題の正義 コンゴの紛争資源問題と消費者の責任』（東信堂）

※22 United Nations, Senior UN officials condemn recent rapes of young girls in eastern DR Congo〔https://news.un.org/en/story/2013/06/443442-senior-un-officials-condemn-recent-rapes-young-girls-eastern-dr-congo〕

※23 United Nations, Sexual Violence in Conflict, Democratic Republic of the Congo〔https://www.un.org/sexualviolenceinconflict/countries/democratic-republic-of-the-congo/〕

共和国安定化ミッション」より）。被害全体のうち記録されている割合は少ないことを考えると、実際にはもっと多くの人たちがレイプされている可能性もあるのです。

被害を受けているのは、成人した女性だけではありません。10歳にもならない幼い女の子たちが被害を受けているほか、生後12か月の赤ちゃんがレイプによって性器を切り開かれたというケースもあります。[※24]

一度に数十人から数百人の女性たちが集団で被害を受けることもあります。**このような大規模なレイプが横行していることからコンゴ東部は「世界のレイプ中心地」「女性や少女にとって世界最悪の場所」と表現されることもあるほどです。**

その手法は、あまりにも残忍なことで知られています。夫が見ている目の前で複数の男たちが妻をレイプしたり、銃を突き付けて脅すことで息子に実の母親をレイプさせたりするケースも報告されているほか、一連の行為が終わった後、弾丸で女性の性器を破壊することも行われています。

※24 ハフポスト「『銃で性器を打ちぬく。これは性欲ではなくテロだ』ムクウェゲ医師、コンゴのレイプ被害を語る」（2016年10月14日）〔https://www.huffingtonpost.jp/2016/10/05/dr-denis-mukwege_n_12351738.html〕

このような話を耳にすれば「コンゴの武装勢力は野蛮な連中だ」「同じ人間として信じられない」と感じてしまうかもしれません。しかし、**実はコンゴのような紛争地では、コミュニティを破壊するための〝効率的な武器〟としてレイプが使われているのです。**

紛争地におけるレイプは一人に対して行われることではありますが、被害者だけではなく、その被害者の家族やコミュニティの住民など、周辺に対して大きな恐怖感を植え付けることができます。

自分の妻が目の前で暴力に晒されながらも、何もすることができず無力感に苦しむ夫や、自分の母親が苦しんでいる様子を間近で見せられる子どもたち。また、レイプされた女性は周りの人間たちに助けてもらえなかったことから周囲への信用を失ったり、被害者であるにもかかわらず周辺住民からの偏見に苦しめられたりするなど、コミュニティの人間関係には亀裂が走ります。

弾丸を消費し、銃を使って攻撃するのとは違って、レイプをするのにはお金がかかりません。メンテナンスも必要ありません。直接の被害を受けた女性だけではなく、周りの人間たちに対しても恐怖感を植え付けることができるため、武装勢力が住民を支配するための安価で効率的な手段として使われているのです。

レイプをされたことで自分の尊厳が傷ついたと感じた女性は、その被害について自らの口から語ることをためらうでしょう。女性器が傷を負ったとしても、そこは他人に見せにくい部分のため、被害の全容は把握されにくいです。結果として、レイプをした側の加害者が司法によって裁かれにくいという点も、性暴力が武器として使われる理由となっています。

性暴力が紛争の武器となってきたのは、コンゴだけではありません。例えば1990年代にヨーロッパのバルカン半島で勃発したユーゴスラヴィア紛争、中でも悲惨だったボスニア・ヘルツェゴビナの紛争では、民族浄化[※25]の一環として性暴力が用いられた過去もあります。

※25 民族浄化(ethnic cleansing)とは、複数の民族が暮らす地域において、特定の民族が武力を用いることで、他の民族を虐殺したり、迫害したりすることで排除する行為。

民族浄化の最終的な目的は、単一民族からなる地域を確立することです。**そのためには、ある地域から他の民族を消し去ることを必要とします。そこで使われたのが、子どもを産む女性に対する性暴力でした。**

性暴力を用いることで、敵対するコミュニティに所属する女性に、望まない妊娠をさせる。それによって民族〝同化〟を進めたり、子どもを産む女性の尊厳を傷つけたりすることで、敵対する民族をその地域から根本的に消し去ろうとしたのです。

このような出来事が「過去の歴史」ではなく、現在進行形でも起きているのがコンゴ東部と言えるでしょう。

コンゴにおいても、性暴力を受けた女性から生まれる子どもは実の父親が誰かわからなかったり、望まない形で生まれたがために、その後の人間関係に苦しめられたりしています。生まれてきた子どもには何の罪もないにもかかわらず、その子どもや母親は偏見や差別に苦しめられる。

このようにして、世代を超えてコミュニティに亀裂が入ることも、性暴力が武器として使われる理由です。

鉱物資源が武装勢力の資金源に

住民を支配するための手段として性暴力を用いてきた武装勢力ですが、**彼ら[※26]の資金源となってきたのが、コンゴ東部で豊富に産出される鉱物資源です。**

武装勢力は鉱物資源から得られる利益を活動資金にすると同時に、資源が産出される地域において、より支配的な立場を築くための手段としても性暴力を利用してきました。**つまり、鉱山の周辺地域で性暴力を用いることで地元住民に恐怖心を植え付け、コミュニティを弱体化させることによってさらなる支配下に置いてきたのです。**[※27]性暴力の被害を受けた人までもが、鉱物採掘の現場で働かされてきたという証言もあります。

※26 鉱物資源から得られる利益は武装勢力のみならず、コンゴ国軍の違法な資金源にもなっていることが報告されている。
参考：華井和代『資源問題の正義 コンゴの紛争資源問題と消費者の責任』（東信堂）

※27 朝日新聞デジタル「『暴力にノー、平和にイエス』ノーベル平和賞講演全文」（２０１８年12月11日）〔https://www.asahi.com/articles/ASLDB53CQLDBUHBI022.html〕

このような紛争地における性暴力の状況に対して、国連も[※28]「コンゴ民主共和国などで見られるように、武装勢力による天然資源や鉱山の支配権を巡る競争は、民間人の移住、人身売買、性的虐待の増加と関連している」と報告しています。コンゴに眠る豊かな鉱物資源を巡った争いが、女性たちに対する性暴力に繋がってきたのです。

紛争が起きている地域で豊富に産出され、武装勢力の資金源となることで紛争に加担している鉱物を「紛争鉱物」と呼びます。特にコンゴで問題視されてきた鉱物がスズ（Tin）、タンタル（Tantalum）、タングステン（Tungsten）、金（Gold）の4種類です。これらの頭文字を取って3TGとも呼ばれます。

中でも2000年代になって世界的に需要が大きく増加したのがタンタルです。**タンタル[※29]はスマートフォンやノートパソコン、デジタルカメラやゲーム機器などの製造に使われるコンデンサを作るために必要なレアメタルです。コンゴ東部にも多くが眠っていると考えられています。**

※28 United Nations Security Council, S/2015/203, 23 March 2015〔https://digitallibrary.un.org/record/790993#record-files-collapse-header〕

※29 近年は企業の間でもコンデンサの種類をタンタル・コンデンサから積層セラミックコンデンサに置き換える動きが広がっており、タンタルの需要が減少傾向にあると言われている。

コンゴで採掘された鉱物は、世界各地で産出された他の鉱物と混ざり、スマートフォンやノートパソコンなどの電子機器を製造するための原料として市場に流通してきました。**そういった鉱物によって作られた電子機器によって、先進国に暮らす私たちは「便利な生活」を送ってきたのです。**

２０１８年には、コンゴ東部で性暴力の被害者治療に尽力してきたデニ・ムクウェゲ医師にノーベル平和賞が授与されたことで、コンゴにおける性暴力の問題が（少なくとも一時的には）日本でも注目されました。

そのムクウェゲ医師は授賞式のスピーチで、次のように述べています。

[※30]「煩わしい現実があります。ゴールドやコルタン、コバルトといったあり余るほどの天然資源が、戦争や過激な暴力、絶望的な貧困の原因だという事実です。

私たちは素敵な自動車、宝石、おもちゃが大好きです。私自身、スマートフォンを持っています。これらのものには、私たちの国で見つかった鉱物が使われています。時には、鉱物の採掘は、子どもたちのほか、脅迫や性的暴力の

※30 朝日新聞デジタル「『暴力にノー、平和にイエス』ノーベル平和賞講演全文」（２０１８年12月11日）〔https://www.asahi.com/articles/ASLDB53CQLDBUHBI022.html〕

被害者といった非人間的な状況下にある人たちの手で行われていることがあります。

電気自動車を運転する時、スマホを使ったり、宝石に見とれたりしている時、こういったものが作られる際の人的な代償について少しだけ、思いを巡らせてみてください」

紛争鉱物の完璧な規制は難しい

コンゴで起きている紛争鉱物の問題に対して、国際社会は何も行動を起こしてこなかったわけではありません。例えばアメリカでは2010年7月に署名された金融規制改革法、通称「ドッド・フランク法」[※31] 1502条によって独自の紛争鉱物取引規制が整備されました。

「ドッド・フランク法」1502条が作られたことによって、アメリカ証券取引委員会に上場している企業は、次のようなことが求められるようになりまし

※31 ドッド・フランク法1502条は情報開示の文言指定が憲法違反に当たるという判決を受けて、2018年に義務から任意に緩められた。代わりに現在の紛争鉱物規制でグローバル・スタンダードになっているのは、EUが定める「紛争の影響を受けた高リスク地域からのスズ、タンタル、タングステン、それらの鉱石、および金の輸入者に対するサプライチェーンデューデリジェンス義務を課す欧州議会および理事会規則」、通称「EU紛争鉱物規則」(EU2017/821)。EU紛争鉱物規則は経済協力開発機構(OECD)の「紛争の影

た。⑴自社の製品を製造、または機能させるために3TGを使用しているかを調査し、使用している場合は原産地を特定すること、⑵原産地がコンゴ、もしくはコンゴの周辺国である場合は、それが紛争に加担している鉱物ではないか、調査すること。

「ドッド・フランク法」1502条は、アメリカ以外の企業であってもアメリカで上場していれば適用対象となるほか、それらの企業と取引をしている海外企業も情報開示を求められるようになりました。そのため日本企業も多くが対応を求められたのです。

しかし[※32]、第2〜3章で見たような服や食べ物とは異なり、特に3TGのような鉱物は、コンゴのような生産地からそれらを原料に作られた製品の消費地に到達するまで、製錬[※33]、精錬、製造化の過程で複数の国を経ていることもあります。**サプライチェーンの下流に位置する企業が、それをすべて遡って生産地を特定することは極めて難しい作業なのです。**

響を受けた高リスク地域からの鉱物の責任あるサプライチェーンにおけるデューデリジェンスガイダンス」に基づいて2017年に施行され、2021年1月から全面適用されている。

参考：ベーカー&マッケンジー法律事務所「サプライチェーン等における人権侵害の防止：2017年度の各国人権侵害防止関連法の重要アップデート」〔https://www.bakermckenzie.co.jp/newsletter/3565〕

一般社団法人東京環境経営研究所「EU紛争鉱物規則（(EU) 2017/821）における最近の動向」（2021年1月29日）〔https://www.tkk-lab.jp/post/20210129reach〕

※32 華井和代『資源問題の正義 コンゴの紛争資源問題と消費者の責任』（東信堂）

※33 製錬は鉱石から金属を取り出すこと。精練は金属から不純物を取り出し、純度を上げること。

実際にアメリカ会計検査院（ＧＡＯ）[※34]の報告によれば、自社が使用する３ＴＧの原産地を特定できた企業は２０１８年の段階で56％にとどまっています。２０１７年の段階では53％、２０１６年の段階では49％だったため、若干の改善は見られます。とはいえ、鉱物資源のようにサプライチェーンが非常に複雑化しているモノの場合、生産地と消費地の繋がりを捉えることが決して簡単ではないことがわかります。

企業側にとっては、自社が使用している鉱物がコンゴ関連の紛争鉱物であるかどうかを追跡調査するよりも、コンゴから鉱物を調達することをやめて代替策を取る、つまり事実上のコンゴ産鉱物をボイコットしてしまったほうが、トータルのコストを抑えられる場合もあります。

しかし、企業が「生産地の特定が難しいから、コンゴ産鉱物は一律で買わないようにしよう」という選択をしてしまうと、また別の問題が引き起こされてしまいます。産業の少ないコンゴ東部では鉱物採掘でしか収入を得られない人[※35]も多いため、企業側による事実上のボイコットのせいで鉱物資源の取引価格が

※34 GAO, CONFLICT MINERALS : 2018 Company Reports on Mineral Sources Were Similar in Number and Content to Those Filed in the Prior 2 Years（https://www.gao.gov/assets/gao-19-607.pdf）

※35 映画『スマホの真実 紛争鉱物と環境破壊とのつながり』（監督：中井信介）

下落し、紛争に加担していない鉱山、またそこで働く人たちまでもが風評被害を受けてしまうからです。紛争鉱物の問題が非常に複雑で、一筋縄では解決できないことを示しています。

また、世界の汚職・腐敗を防止するために活動する国際NGO「トランスペアレンシー・インターナショナル」[※36]が出している汚職指数ランキング2020では、コンゴは180か国中170位となっています。

特にコンゴ東部のように治安が崩壊していることもある地域では、政府によるコントロールが行き届いておらず、法の支配が十分に機能していません。

このような地域では、武装勢力による闇取引や密輸が横行していることもあります。鉱物が産出されてから市場に流通するまでの過程で、様々な原産地の鉱物を混ぜることによって、どれが紛争鉱物で、どれが適法な鉱物かわからなくしてしまう「メタル・ロンダリング」が行われていることもあります。そのため「これはシロで、これはクロ」と、明確に区別することは非常に難しいのです。

※36 Transparency International, Corruption Perceptions Index 2020 (https://www.transparency.org/en/cpi/2020/index/cod)

近年は日本でもコーヒーやチョコレートのようなフェアトレード商品、さらには環境や人権に配慮したエシカルファッションが普及してきています。少しくらい高いお金を出してでも、社会や環境のためになる商品を選んで購入する人も増えてきました。

しかし、3TGのような鉱物が原料として使われている電子機器類の場合、ごく[※37]一部の商品を除けば、**紛争鉱物が全く関わっていない商品を選ぶことはとても難しい**のが現実なのです。

電気自動車の裏に隠された児童労働

ここまではコンゴで採掘される3TG（スズ、タンタル、タングステン、金）が紛争に加担しているという「紛争鉱物」の問題を中心に見てきましたが、3TGに加えて近年問題視されているのが、電気自動車の製造にも使われているレアメタル**「コバルト」**です。

※37 オランダ発のエシカル・スマートフォン「フェアフォン」は、紛争鉱物を使用しないコンフリクトフリーなスマートフォンとして知られている。

近年は欧米や中国を中心に、電気自動車（ＥＶ）が少しずつ普及してきています。温室効果ガスの排出を実質ゼロにする[※38]「カーボン・ニュートラル」を実現する一つの選択肢として、ガソリン車から電気自動車への乗り換えを促すプロモーションを目にする機会も増えてきました。ＳＤＧｓの理念が広く一般にまで知られてきていることも、電気自動車産業の追い風となっているでしょう。

電気自動車を製造するためにはリチウムイオン電池が必要ですが、このリチウムイオン電池を製造するために必要となるレアメタルがコバルトです。リチウムイオン電池はスマートフォンやノートパソコンにも使われていますが、これらの電子機器類に加えて電気自動車も普及してきたことにより、近年コバルトの需要が大きく伸びています。

しかし、[※39]**このコバルトは世界全体の産出量のうち約68％がコンゴに集中しており**、[※40]現地では「クルーザー」と呼ばれる手掘り採掘に従事する鉱山労働者が11万人から15万人いると考えられています。**こうした労働者の中には18歳未満の子どもたちも多数含まれており、中にはわずか7歳の子どもまでもが児童労**

※38 カーボン・ニュートラルとは、温室効果ガスの排出を全体としてゼロにする「脱炭素社会」を指す。排出を完全にゼロにすることは難しいため、温室効果ガスの排出量から吸収量と除去量を差し引いた合計をゼロにすることを意味する。

※39 USGS, COBALT（https://pubs.usgs.gov/periodicals/mcs2021/mcs2021-cobalt.pdf）

※40 アムネスティ・インターナショナル「命を削って掘る鉱石 コンゴ民主共和国における人権侵害とコバルトの国際取引」（https://www.amnesty.or.jp/library/report/pdf/drc_201606.pdf）

働をさせられているという報告もあるのです。

このようなコンゴのコバルト鉱山における児童労働の実態について、人権NGOの「アムネスティ・インターナショナル」は長らく国際社会に訴えてきました。[※41] 2017年に発表された報告書では、コバルトのサプライチェーンで下流に位置する企業28社の取り組みを調査し、名指しで批判をしています。

紛争鉱物を規制するための「ドッド・フランク法」1502条では3TGのみが調査対象となっており、コバルトは含まれていません。しかし、法律によって規制されている鉱物ではないからといって、何も問題が絡んでいないわけではありません。児童労働をはじめ、コバルトも現地での人権侵害に繋がっていると指摘されているのです。

需要拡大に対する解決策はまだない

※41 Amnesty International, TIME TO RECHARGE : CORPORATE ACTION AND INACTION TO TACKLE ABUSES INTHE COBALT SUPPLY CHAIN [https://www.amnesty.org/en/wp-content/uploads/2021/05/AFR6273952017ENGLISH.pdf]

コンゴにおける人権侵害の状況を受けて、コバルトの使用量を減らしたり、コバルト[※42]を使わないリチウムイオン電池の研究・開発も進められたりはしています。しかし、コバルトフリーの電池が広く実用化されるようになるまでには、まだかなりの時間を要します。

今後、先進国を中心に電気自動車の需要が増えたり、途上国の経済成長に伴ってスマートフォンやノートパソコンの需要が急増したりすれば、リチウムイオン電池の需要も大きく伸びていきます。リチウムイオン電池をはじめ、クリーンエネルギー技術の需要拡大に応えるため、[※43]**２０５０年までにコバルトやリチウムなどの鉱物生産量が５００％増加するという予測もあります。**しかし、現在においても人権侵害が報告されているコンゴ民主共和国がこれらの需要に応えることは、どう考えても無理があるでしょう。コバルトをはじめとした鉱物の採掘現場で起きている人権侵害が、さらに深刻化する可能性は十分に考えられます。

また、ここまではコバルトに関する問題を見てきましたが、リチウムイオン

※42 ワイアード「コバルト不要のリチウムイオン電池、ついに実用化なるか：米研究チームが開発した新技術の中身」（２０２０年８月25日）〔https://wired.jp/2020/08/25/this-cobalt-free-battery-is-good-for-the-planet-and-it-actually-works/〕

※43 The World Bank, Mineral Production to Soar as Demand for Clean Energy Increases〔https://www.worldbank.org/en/news/press-release/2020/05/11/mineral-production-to-soar-as-demand-for-clean-energy-increases〕

電池を製造するためには、当然のことながらリチウムも必要になります。コバルトがコンゴでの人権侵害に繋がっているという問題意識からコバルトフリー電池の研究・開発が進められていると先に指摘しましたが、その一方で[※44]リチウムは現時点では代替案がほぼありません。

このリチウムを生産する過程でも、様々な問題が指摘されています。

リチウムを生産するためには、鉱石から生産する方法に加えて、塩分を含んだ地下水を汲み上げることで生産する方法があります。例えば南米チリのアタカマ塩湖は世界有数のリチウム鉱床として知られています。そこでは[※45]**リチウムを採掘するために企業が行っている大規模な地下水汲み上げによって、地域の生態系が影響を受けたり、現地の住民たちがアクセスできる水資源が減少したりしている**と言われているのです。

かつて日本国内でも、栃木県の足尾銅山にて鉱山開発事業が行われていました。その時代には、周辺地域の樹木伐採や製錬工場から排出される煙による大気汚染、廃棄物による水質・土壌汚染など広範囲にわたる環境破壊、そして周

※44 東洋経済オンライン「EV電池に必須の『リチウム』の確保は大丈夫か」（2021年5月21日）（https://toyokeizai.net/articles/-/428520）

※45 独立行政法人 石油天然ガス・金属鉱物資源機構（JOGMEC）「チリ：リチウム開発によりAtacama塩湖の水資源が危機と地域住民が主張」（2019年11月12日）（http://mric.jogmec.go.jp/news_flash/20191112/116804/）

辺住民に対する健康被害が引き起こされていました。経済成長という果実を手にするために、環境や一般の住民たちが犠牲になっていたのです。

現在の日本では公害が起きることは滅多にありません。一方で、豊かな生活を手にするために必要な犠牲は周縁へ、周縁へと追いやられ、コンゴやチリのような国々、特にそこで暮らす現地の貧しい人たちが犠牲を引き受けています。**日本人としてではなく、地球市民として俯瞰して考えてみれば、結局のところ問題が起きている構造に大きな違いはありません。**

近年は世界全体で気候変動問題を解決するためにサステイナビリティやクリーンエネルギーが謳われています。しかし、それによってコバルトやリチウムのような鉱物資源の需要が高まり、日本から遠く離れた場所では人権侵害や環境破壊が起きています。何か一つの問題を解決できたとしても、また新たな問題が浮上するリスクがあるのです。

「スマートフォンやノートパソコン、電気自動車を買ってはいけない」という話ではありません。特に電子機器類は私たちの生活にとって欠かせない存在になりましたし、テクノロジーの発達が生み出すメリットを否定するつもりは毛頭ありません。

しかし、鉱物資源と社会問題の繋がりを考える上で覚えておいてほしいのは、世界全体で需要が高まれば高まるほど新たな鉱山開発が行われ、それに伴って人権侵害や環境破壊、さらには紛争が起きるリスクも高まるという事実です。

毎年のように登場するスマートフォンの新機種を人々が買い続ける限り、そういったリスクは拭い切れないのです。**「もっと、もっと」と新しい商品を求める消費者としての姿勢が、社会に、環境にどんな影響を与え得るのか、私たちは立ち止まって考えなくてはなりません。**

東京オリンピックのメダルの正体

多くの資源を海外に頼っている日本は、資源を巡った紛争や人権侵害、環境破壊の問題と決して無関係ではありません。

その一方で、特に3TGのような鉱物は、それを原料に作られる商品が私たちのもとに届くまでのプロセスは非常に複雑であり、その〝繋がり〟を具体的に捉えることは難しいというのもまた事実です。メタル・ロンダリングが行われている可能性なども考慮すれば、企業でさえ自社のサプライチェーンに紛争鉱物が紛れ込んでしまっていないか、完璧に調査してシロかクロかハッキリさせることは難しいです。

資源を海外に求めようとすれば求めようとするほど、どこかの国で起きている問題に、気づかぬうちに加担してしまうリスクが高まります。**そうであるならば、すでに海外から日本に流入し、十分に活用されていない資源を有効活用するべきです。**

現在の日本には「都市鉱山」と呼ばれるほど、スマートフォンやノートパソコンなどの電子機器類の中に、3TGを含む大量の鉱物資源が眠っていると言われています。[※46]日本の都市鉱山に蓄積されている量は、世界の現有埋蔵量に対して金は約16%、スズは約11%、タンタルは約10%というレポートもあります。

[※47]これら「都市鉱山」には、ゴミとして焼却・埋め立てされたものも含まれており、すべてを資源として有効活用できるわけではありません。**しかし、全国に散在している金属を回収し、できる限りリサイクルする仕組みを整えていくことによって、世界で起きている様々な問題に加担してしまうリスクを減らすことは可能です。**

例えば東京オリンピック２０２０では、使用済み携帯電話など小型家電の中に眠っている金属を集めることでアスリートに授与するメダルを製作する「都市鉱山からつくる！　みんなのメダルプロジェクト」が行われていました。都市鉱山に眠る金属をリサイクルすることで、オリンピック・パラリンピックの金・銀・銅、あわせて約５０００個のメダルに必要な金属量を１００%回収することができたのです。

このプロジェクトはほんの一例にすぎませんが、鉱物資源がもたらす問題に

※46 独立行政法人物質・材料研究機構「わが国の都市鉱山は世界有数の資源国に匹敵」（２００８年１月11日）（https://www.nims.go.jp/news/press/2008/01/200801110/p200801110.pdf）

※47 三井住友フィナンシャルグループ「『都市鉱山』に眠るレアメタルの資源化に向けて」（https://www.smfg.co.jp/sustainability/report/topics/detail084.html）

関心を持つ人が増えれば、こういった都市鉱山のリサイクル事業にも多くの注目が集まり、産学官民[※48]で連携していく機運も高まります。

コロナ禍で開催された東京オリンピック2020には様々な批判が向けられていましたが、こういった良い取り組みにも、もっと社会の関心が向けられるべきではないかと感じるのは私だけでしょうか。

世界全体を見ても、電子機器類はまだ十分にリサイクルされているとは言えない状況です。

2019年[※49]に世界で生まれた電子ゴミ（E-Waste）のうち、回収・リサイクルされたのはわずか17．4％。**570億ドル（約6兆円）相当の貴金属やレアメタルは、処理や再利用のために回収されるのではなく、ほとんどが廃棄もしくは焼却されてしまっています。**

SDGsの目標12では「つくる責任 つかう責任」が謳われていますが、紛争鉱物の問題や都市鉱山に対する市民社会の理解を深めていくことが、資源の再利用を進めていく上では欠かせません。

※48 産業界（民間企業）、学校（教育機関・研究機関）、官公庁（国・地方自治体）、民間（地域住民・NPO）の四者を指す言葉。

※49 UNITED NATIONS UNIVERSITY, The Global E-waste Monitor 2020 [http://ewastemonitor.info/]

世界の問題を知り、あなたはどう行動するか

一方で、アフリカから資源を購入しなくなればすべての問題が解決される、というわけでは決してありません。先に指摘したように、コンゴ産の鉱物を先進国側の企業が事実上ボイコットしたことにより、紛争に加担していない鉱山までもが風評被害を受けてしまった事例もあります。

コンゴ東部では鉱山採掘以外の産業がほとんどない地域もあります。そのような場所では採掘による現金収入が得られなくなった人が貧困層に転落したり、生きていくために仕方なく武装勢力に加入したりするケースもあるのです。

第1章でも見たように、ここでも現地の人たちの自立をサポートする支援が大切です。**「魚の釣り方を引き出す」のです。**

例えば私がかつて所属していたこともある認定NPO法人「テラ・ルネッサ

ンス」は、性暴力を受けた女性や孤児に洋裁技術の訓練を行っています。このような自立支援を受けたコンゴの人たちは、外国からの影響も受けやすい鉱山採掘に頼らずとも、安定した収入を得られるようになっているのです。

コンゴ東部は自然豊かな場所であり、農業に適した肥沃な土地が広がっている場所も多いにもかかわらず、紛争の影響で農業が壊滅し、子どもたちが栄養失調に陥っています。農具や種子を供与したり、農業指導を行ったりしたことで住民が食料を得られるようになった支援事例もあるように、現地の人たちが自活した生活を送れるようになるまでの走り出しをサポートする自立支援も必要です。

本書のメインテーマは国際支援ではないため、これ以上は自立支援の詳細には言及しませんが、興味のある方は拙著『世界を無視しない大人になるために僕がアフリカで見た「本当の」国際支援』もあわせてお読みください。

また、本書では深く立ち入りませんが、こういった草の根の自立支援だけではなく、コンゴの政治や法整備を国際社会が支えていく必要もあるでしょう。

ノーベル平和賞を受賞したムクウェゲ医師は「コンゴは扉も窓もない宝石店のようなもの」とすら表現しています。[※50]

数百年にわたり搾取され続けてきた天然資源の恩恵を、コンゴの大多数を占める貧しい人たちも受けられるようにする。富の再分配が行われ、社会的正義が下されるように、政策レベルでの支援も必要です。

しかし、自立支援にせよ政策レベルの支援にせよ、これらを実行するためには、**まずは私たち一人ひとりが「世界から忘れ去られた紛争」とも呼ばれるコンゴの問題について、または紛争鉱物の問題について、関心を持たなければなりません。社会問題というのは、人々に認知されて初めて社会問題になるからです。**

綺麗事のように思われるかもしれませんが、まずは関心を持つことが最初の一歩です。

そして、**関心を持つこと以上に、関心を持ち続けることが大切です。**コンゴで起きている問題にせよ、世界で起きている紛争や貧困にせよ、関心を持つこ

※50 東洋経済オンライン「コンゴの性暴力を止める責任は日本にもある」(2018年10月16日)〔https://toyokeizai.net/articles/-/243038〕

と自体はそれほど難しいことではありません。テレビや新聞、ネット記事やSNSを通じて、ひょんなことをきっかけに「世界の問題」を目にすれば、少なくともその瞬間は関心を持つことができるからです。

本当に必要なことであり、そして難しいのは、関心を持ち〝続ける〟ことです。

この本を閉じ、少し周りを見渡してみれば、コンゴで起きている悲劇とは全く関係ない日常が私たちの目の前に広がっています。良いか悪いかは抜きにして、道端を歩いている人たちのほとんどがコンゴや紛争鉱物、女性たちに対する性暴力の問題について知らないはずです。

そんなアンバランスすぎる世界の中で、私たちはいかにして関心を持ち続けていくか、そして関心の輪を周りの人たちにも広げていくか、真剣に考えなくてはなりません。

ユダヤ人大虐殺のホロコーストを生き延び、証言者として自らの体験を記したノーベル平和賞受賞者のエリ・ヴィーゼルは、こんな言葉を残しています。

「愛の反対は憎しみではなく、無関心だ」

多くの読者の方が、本書を読むまではコンゴの問題について、関心を持っていなかったかと思います。私はそれを責めるつもりは全くありません。なぜなら、関心を〝持っていなかった〟というよりも、単に知らなかった、もしくは知る機会がなかったからでしょう。

しかし、本書を読んだことで問題を〝知ってしまった〟以上は、コンゴの問題に関心を持ち続けるのか、それとも無視をしてしまうのか、私たちは選択を迫られることになります。

コラム

今ほど「関心を持ち続ける」のに適した時代はない

一人で考えるのではなく仲間を見つけよう

酷な結び方をしてしまい、すみません（笑）。

本章ではかなり重たい内容を扱ったので、ここで一旦肩の力を抜いていただければと思います。

私は講演をする際にも、ユーチューブで話をする際にも、しきりに「関心を持ち〝続ける〟ことが大切です」とお伝えします。その理由は先ほど見た通りです。

しかし、多くの人たちから質問されることがあります。**「関心を持ち続けること

が大切なのはわかっている。でも、そのためにどうすればいいのか？」と。

本書では世界で起きている問題と私たちの生活の繋がりを中心に見てきました。しかし、その繋がりを日常生活の中で実感する機会は少ないですし、そもそも資本主義的な戦略の中で、そういった繋がりは巧妙に見えにくいように設計されている場合もあります。

そんな状況の中で、私たちはどうやって関心を持ち続けていくのか。

私からの一番の提案は、同じ興味や関心を持っている仲間を見つけ、その人たちと繋がることです。

アフリカにこんな諺があります。

「早く行きたいなら一人で行け、遠くへ行きたいならみんなで行け」

一人きりで関心を持ち続けるというのは、なかなかシンドイことです。私自身は本書を書くためにも、ユーチューブで発信し続けるためにも、一日の大半を社会問題について考える時間に充てていますが、そんな生活ばかりを続けていると精神的に疲れてきます。

しかし、同じような興味関心を持っている仲間がいれば違います。仲間と定期的に議論をしたり、情報共有をしたりすることによって、少しだけ下がった関心レベルを、そしてモチベーションを、立て直すことができると思うのです。

今の時代はネットがありますから、リアルで繋がっている人でなくても構いません。ＳＮＳを活用し、環境問題や貧困問題について発信している人と繋がってみたり、それらの解決を仕事としている人をフォローしてみたりするのもいいかもしれません。

宣伝をするわけではありませんが、私自身は社会問題を学ぶためのオンラインサロン「Synergy」（シナジー）を運営しています。

そこでは老若男女問わず、様々な年代・バックグラウンドの方たちと日々コミュニケーションをとっています。たとえ画面越しであったとしても、同じ志を持つ仲間たちと語り合っている時間は、何か熱いものを感じています。

今の日本で生活していて、例えばコンゴで起きている問題に関心を持ち続けることは、決して簡単なことではないでしょう。**しかし、関心を持ち続けることさえできれば、いつか自然と次の行動に繋がるはずです。**

まずは身近な家族や友人、同僚に話をしてみたり、インターネットで「コンゴ」と検索してみたりすることから始めてみてもいいでしょう。一緒に世界の問題と向き合える〝仲間〟を見つけてみてください。

第5章

データをもとに「アフリカ」を正しく読み解く

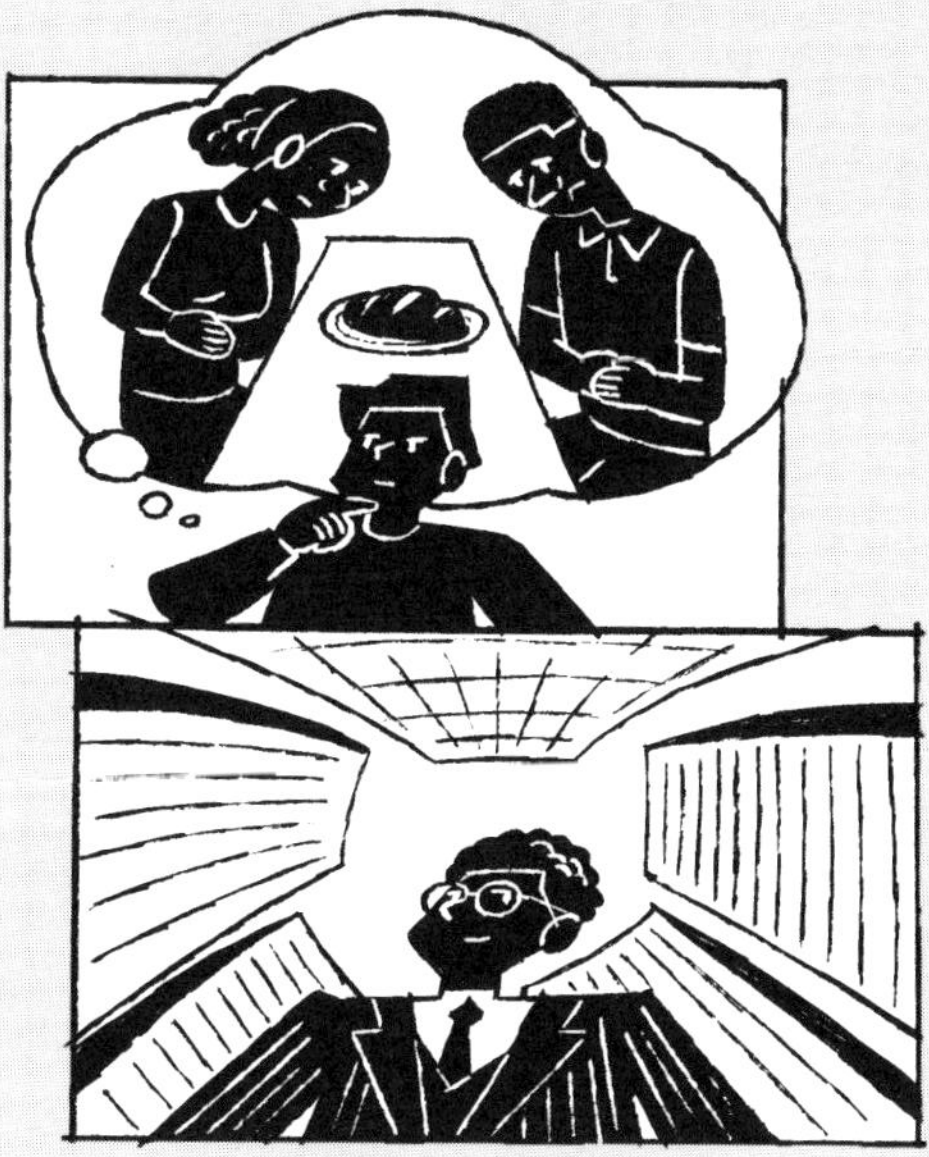

第4章では紛争鉱物の問題を取り上げ、アフリカのコンゴ民主共和国で起きている紛争と私たちの生活の繋がりを見てきました。**あらゆる出来事が相互に関係し合う今の世界では、私たちの何げない普段の消費行動が、巡り巡って遠く離れたアフリカの人たちの苦しみに繋がってしまうことがある。**そのことをご理解していただけたかと思います。

本書を読むまでは「アフリカはどこか遠くの世界」「アフリカの紛争や貧困なんて自分の生活には関係ない」と考えていた方もいるでしょう。アフリカに無関心なままで「アフリカの貧困問題に目を向けよう！」「SDGsに取り組もう！」などと言われたとしても、主体的に向き合おうとする気持ちにはなれません。誰かから教え込まれるままに、何となくの気持ちでやらされているだけになってしまいます。また第1章でも見た通り、〝うわべだけの善意〟によって、別の新たな問題を引き起こしてしまうかもしれません。

内から湧いてくる意思を持って社会問題に目を向け、地に足を着けて世の中を良くしていくためには、まずは世界と自分の「繋がり」を意識することが大切です。**そして、その繋がりを意識できるようになるためには、何となくのイメージを頼りにするのではなく、事実とデータに基づき世界を正しく見る姿勢が求められます。**

残念ながら今の社会では、広く一般に流布しているイメージや断片的な知識だけで語られてしまっている物事が少なくありません。アフリカは、その最たる例の一つと言えるでしょう。

例えば私がアフリカの貧困問題についてネットで発信していると「アフリカがいつまでも自立できないのは、現地の人たちの能力が欠如しているからだ」というコメントがよく届きます。しかし、第1章で見た「善意の寄付がアフリカの自立を阻んできた」歴史を理解した後なら、また違った見方ができるのではないでしょうか。

また、「アフリカで争いが絶えないのは、彼らの野蛮な文化が原因だ」といった趣旨のコメントを見かけることもあります。しかし、第4章でも見たように、外国からの介入によってアフリカが長らく翻弄されてきた歴史を知っていれば、争いの原因をアフリカの「中」だけに求めることは間違っていることにも気づけるはずです。

特にソーシャルメディアが台頭して以降、誰でも情報発信をできるようになってからは、玉石混淆、ありとあらゆる情報を私たちは目にするようになりました。

とはいえ、ソーシャルメディアであろうと、旧来のマスメディアであろうと、「ウケがいい」傾向がある情報は変わりません。それは、人々の間に強固に根付いた価値観を刺激する情報や、極端に偏っている情報などです。そういった情報によって、アフリカに対する偏見がますます形作られてしまっていると感じます。

アフリカは物理的にも心理的にも日本と距離が離れており、ただでさえ断片的な知識しか持っていない人がほとんどです。何となくのイメージや偏った情報ばかりが広まってしまえば、アフリカの問題と私たちの生活の繋がりを実感することは、より一層難しくなってしまいます。

私はアフリカに何度も足を運び、現地の人たちと直接関わってきた経験があるからこそ、アフリカに対して正しい認識を持つ日本人が増えてほしいと願っています。それが、アフリカで起きている問題を身近に感じ、自分たちの生活との関係性を理解することにも繋がるからです。

アフリカに対する偏ったイメージや知識は数多くあり、この本でそれらすべてに答えていくことはできません。そのため本章では、私がこれまでユーチューブで発信してきたアフリカに関する情報の中で「アフリカに対する見方が大きく変わった」「漠然と抱いていた疑問がスッキリした」といったコメントが数多く寄せられ、好評だったテーマを選んで解説します。

今や「成長の大陸」と呼ばれるアフリカについて理解を深めることは、世界の未来を考える一つのきっかけにもなるはずです。第5章ではアフリカを切り口にして、本書の大きなテーマである「世界を正しく見る」ことについて考えていきましょう。一部ではありますが、私がアフリカで携わっていた活動もご紹介します。

なぜ貧しいのに子どもをたくさん産むのか

アフリカの貧困問題について私がネットで調べていた時、このような趣旨のコメントを目にしたことがあります。

「アフリカ人は貧しい生活をしているのに、なぜ子どもをたくさん作ってしまうのか？　子どもが増えたらもっと生活が苦しくなるだろう。なぜ彼らは後先のことを考えられない？」

実際にグーグルの検索欄にも「アフリカ　子供　作りすぎ」という候補が出てきます。また、私のユーチューブにも「海外からの支援を必要とするほど貧しい状況なのに、なぜ子どもをたくさん作ってしまうのか?」といった質問が寄せられたこともありました。読者の中にも、同じような疑問を持ったことがある方は少なからずいるのではないでしょうか。

例えばテレビ番組で、伝統的な暮らしを送るアフリカの某民族が取り上げられており、一人で7人も8人も子どもを産んだ女性が紹介されています。アフリカには「貧困」というイメージが常に付きまとっているわけですから、そんな場面を一度でも目にすれば「アフリカ人は貧しい『のに』子沢山」という断片的な知識を持ってしまうはずです。

そんな人が何かの機会に、アフリカの貧困問題に関する記事やアフリカへの支援を呼びかける広告を見かければ「貧しくて生活が苦しいなら、まずは子どもを作るのをやめればいいじゃないか」と考えてしまうかもしれません。日本に暮らす私たちの「常識」からすれば、お金がなくて経済的に苦しい状況なら、子育てにかかる費用は少ないに越したことはないからです。

ちなみに第4章で登場した世界最貧国の一つコンゴ民主共和国では、女性一人当たりの子どもの数は平均5・8人となっています。[※1]この話を聞けば、確かに「貧困で大変な状況だというのに、どうしてそんなに子どもを作ってしまうのか？」と感じるかもしれません。

※1 The World Bank, Fertility rate, total(births per woman) - Congo, Dem. Rep.〔https://data.worldbank.org/indicator/SP.DYN.TFRT.IN?locations=CD〕

しかし、逆にこのように考えることはできないでしょうか？

アフリカの人たちは貧しい「のに」子どもをたくさん作ってしまうのではなく、貧しい「から」子どもをたくさん作らなくてはいけないと。

もちろん文化的な背景が全く存在しないわけではありません。私も「なぜアフリカの人は子どもをたくさん作るの？」と現地の友人に質問をしてみたことがあります。特に農村部をはじめ、古くからの生活様式を今でも続けているコミュニティでは「子どもをたくさん産むことができない女性は社会的に認められない」といった考え方が残っている地域もあるようです。

そのような地域では男性優位の価値観が根強く存在しており、「どれだけの子どもを授かるか」という話において、女性側には決定権がないことも少なくありません。

風習として一夫多妻制が存在する地域では、貧困家庭の親が18歳未満の娘を裕福な男性に嫁がせ、その対価として金品を受け取ることもあります。こうした児童婚※2が、家族が生き延びていくための一つの選択肢になっていることもあ

※2 児童婚とは18歳未満での結婚を指す。世界では現在6億5000万人の女性と女の子が児童婚を経験しており、毎年新たに1200万人の女の子が児童婚をしていると推定されている。特に世界で問題視されている児童婚は、本人の意思に基づかない15歳以下での

るのです。

児童婚が蔓延している地域では、10代から出産を経験する女性も多く、ジェンダー間の不平等や文化的背景がアフリカの多産に繋がっている側面が一部ではあることも否めません。

極度の貧困が多産に繋がる理由

しかし、このような文化的な背景以上に、アフリカの多産に大きく関係している理由があります。それが、**極度の貧困**です。**つまり、極度に貧しい生活を送っている人たちほど、子どもをたくさん作るのです。**

日本人の私たちからすれば「子育てにはお金がかかるのだから、貧しいなら子どもは少ないほうがいいのでは?」と思うかもしれません。しかし、実際には逆なのです。これはいったいどういうことなのでしょうか。

衣食住さえままならない極度の貧困が問題になっている地域では、医療や公

強制的な結婚。親の事情や話し合いで相手が選ばれ、本人の意思に基づかない形で女の子が結婚させられるケースが国際問題として深刻視されている。

近年はインドを中心とした南アジア地域での児童婚が改善されてきたことによって、世界全体では児童婚の件数は減少傾向にある。しかし、サハラ砂漠より南のアフリカ（サハラ以南アフリカ）は人口増加も関係し、近年、より深刻視されるようになった。世界全体の児童婚のうちサハラ以南アフリカが占める割合は25年前は7人に1人だったが、現在は3人に1人となっている。

参考：ユニセフ「児童婚：子どもの花嫁、年間約1200万人 世界の女性の5人に1人が児童婚を経験 ユニセフ、教育への投資、地域社会の意識改革訴える」（2019年2月12日）（https://www.unicef.or.jp/news/2019/0019.html）

衆衛生が発達していない場所も多く、生後すぐに命を落としてしまう子どもが少なくありません。

例えばコンゴ民主共和国[※3]では、１０００人中66人の乳児が生後1年以内に命を落としています。またコンゴの隣国であり、私が支援活動で関わってきたウガンダ[※4]では１０００人中33人の乳児が生後1年以内に亡くなっています。日本[※5]の乳児死亡率[※6]は１０００人中１・８人であることを考えると、**コンゴやウガンダと日本の間では、乳児を取り巻く環境が大きく異なることを理解できるはずです。**

子どもたちが亡くなる原因は様々ですが、そのほとんどは本来なら予防も治療も可能な病気で命を落としています。例えば**マラリア**です。WHO[※7]（世界保健機関）によれば、２０１９年には世界全体で2億２９００万人がマラリアに感染し、そのうちの40万９０００人が亡くなったと推定されています。世界全体のマラリアによる死亡者のうち、67%（27万４０００人）が５歳未満の子どもであり、感染症例と死亡例の94%がサハラ砂漠以南のアフリカで起きています。

※3 The World Bank, Mortality rate, infant (per 1,000 live births) - Congo, Dem.Rep.(https://data.worldbank.org/indicator/SP.DYN.IMRT.IN?locations=CD)

※4 The World Bank, Mortality rate, infant (per 1,000 live births) - Uganda (https://data.worldbank.org/indicator/SP.DYN.IMRT.IN?locations=UG)

※5 The World Bank, Mortality rate, infant (per 1,000 live births) - Japan (https://data.worldbank.org/indicator/SP.DYN.IMRT.IN?locations=JP)

※6 乳児死亡率とは、ある年の出生数１０００人に対して、生後１年目までに死亡した新生児の数。

※7 WHO, Malaria (https://www.who.int/news-room/fact-sheets/detail/malaria)

蚊帳を張った様子。ウガンダの貧困地域にある小学校の宿舎にて撮影。

マラリアは「ハマダラカ」と呼ばれる夜行性の蚊が媒介し、マラリア原虫が体内に侵入することで感染します。発症すると高熱や頭痛などの症状が出ます。治療せずに放置しておくと脳に障害が残ったり、最悪の場合は死に至ることもある恐ろしい病気です。私もウガンダ滞在時に地方の病院を何軒か回ったことがありますが、多くの子どもたちがマラリアで診察に来ていました。

そのため私はマラリア危険地域に滞在している時、就寝時は必ず蚊帳をして寝ます。蚊に刺されさえしなければ、マラリアに感染することもないからです。

しかし、極度の貧困状態に置かれている人たちは、500円程度の蚊帳を購入することさえできません。また、マラリアを発症したとしても、500円程度の治療薬を購入することもできません。**極度の貧困のせいで、予防も治療もできるはずのマラリアで多くの子どもたちが命を落としているのです。**

マラリア以外には、**下痢も子どもたちが命を落とす主要な原因です。**極度に貧しい地域では、上水道や下水道の設備が整っていません。井戸すら存在しない場所だと、子どもたちが川や池で汲んできた汚水を飲んでいることもあります。

私もウガンダの貧困地域で活動していた時、ドロドロに濁り、小さな虫すら湧いている水を幼い赤ちゃんが飲んでいる様子を見て、ショックを受けました。細菌まみれの汚水を飲めば免疫力の弱い子どもは下痢になってしまい、結果として深刻な栄養失調に陥ることで、命を落としてしまうのです。

ウガンダ滞在時、現地団体と協力しながら行っていた手洗い指導の活動。
手洗い装置の使い方を説明している。

私自身、現地団体と協力しながら公衆衛生の啓発活動に携わっていたことがあります。日本では、小学生でも当たり前のように外から帰ったら手を洗います。一方、極度に貧しい地域では教育機会の欠如や、そもそも手を洗う設備が存在しないことなどを理由に、不衛生な生活をしている人も多いです。手洗い装置の寄贈や手洗いの指導をしたり、公衆衛生の啓発活動にも携わっていました。

また、医療環境が発達している日本に暮らしていると「子どもは安全な分娩室で生まれるもの」と考えてしまいがちです。しかし、**電話一本で救急車が駆けつけてくれ、高度な医療環境が整っており、国民皆保険制度まである国は、世界的に見れば非常に稀です。**

極度の貧困が問題になっている地域では、救急車が存在しないのはもちろん、そもそもアクセスしやすい場所に病院や診療所がありません。ウガンダの貧困地域では、最寄りの診療所まで歩いて2時間以上移動しなければならない人もいました。

また、病院があったとしても衛生環境が非常に悪く、薬や機材も整っていないため、出産は文字通り命がけの行為です。妊産婦死亡率を比較してみても、日本は10万人当たり5人であるのに対して、**サハラ砂漠以南のアフリカでは10万人当たり534人の母親が出産時に命を落としており、実に100倍以上もの差があります。**

そのような貧困地域での出産では、母子共に命を落としてしまうことも少なくありません。**私たちが持っている「常識」は、決して世界全体で通用するものではないのです。**

※8 The World Bank, Maternal mortality ratio (modeled estimate, per 100,000 live births) - Japan (https://data.worldbank.org/indicator/SH.STA.MMRT?locations=JP)

※9 The World Bank, Maternal mortality ratio (modeled estimate, per 100,000 live births) - Sub-Saharan Africa (https://data.worldbank.org/indicator/SH.STA.MMRT?locations=ZG)

このように極度の貧困が問題となっている地域では、医療や公衆衛生が十分に発達しておらず、マラリアや下痢といった本来なら予防・治療可能な病気、また出産が危険であることなどから、多くの子どもたちが生後すぐに命を落としています。そのため悲しいことではありますが、**女性は「何人かの子どもは亡くなってしまうだろう」とあらかじめ想定し、多めに子どもを産むのです。**

実際にアフリカの貧困地域で活動していると、子どもを一人か二人、幼いうちに亡くしている女性に出会うことは決して珍しい話ではありません。たとえ貧困状態にあろうが、アフリカ人だろうが、母親にとっては自分が産んだ子どもを亡くすことは、非常に辛い出来事のはずです。涙を流しながら話してくれる女性もいます。

それにもかかわらず、日本の方が日本の常識だけを当てはめて「貧しいなら子どもを作らなければいいじゃないか」「子沢山なのは彼らの遅れた文化に理由がある」などと話をしている様子を見かけると、私はやり切れない気持ちになってしまいます。**彼女たちは何も考えていないわけではありません。むしろ現実は逆なのです。**

農家にとって子どもは大切な労働力

極度の貧困以外にも、地方に暮らす人の多くが農業に従事していることもアフリカの多産と大きく関係しています。その理由を一言で表せば、**ある程度まで子どもが成長すれば、農家にとっては立派な労働力になるからです。**

人類史を振り返ると、経済発展のプロセスにおいては多くの地域で主流産業が農業から工業へと転換しています。いわゆる「工業化」です。18世紀半ばにイギリスで起きた産業革命に端を発し、日本では「殖産興業政策」という名の下、1880年代半ばから20世紀初頭にかけて工業化が始まりました。

しかし、アフリカは20世紀半ばまでヨーロッパの植民地として支配されていた歴史があり、資源と原料を搾取されるだけの経済体制が長らく続いてきました。ヨーロッパ諸国の工業化をアフリカが支えてきたというより、支え「させられてきた」と言えるかもしれません。

また、植民地時代が終わった後も、アフリカの多くの国では資源と原料を輸出することで国の経済を支える構造が現在に至るまで続いています。

そんなアフリカでは、多くの国が農業から工業への産業転換を経験していません。※10サハラ砂漠以南のアフリカでは人口の60％以上が零細農家であり、GDP（国内総生産）の約23％が農業によってもたらされています。

私もウガンダで活動している時、子どもたちが農業の仕事を手伝っている場面は幾度となく目にしてきました。農業によって生計を立てている家庭にとっては子どもも労働力になるため、ある程度の年齢まで成長すれば、育てるのにかかったコストをメリットが上回るようになります。**子どもが増えれば労働力としてカウントできることも、多産の大きな理由になっているのです。**

※10 McKinsey & Company, Winning in Africa's agricultural market, February 15, 2019 〔https://www.mckinsey.com/industries/agriculture/our-insights/winning-in-africas-agricultural-market〕

「アフリカの人たちは貧しい『のに』、なぜ子どもをたくさん作ってしまうのか」という疑問からスタートしましたが、実際には逆です。**貧しい生活をしている「から」、子どもをたくさん作るのです。**そしてその理由は、決して文化的なものだけではありませんし、アフリカの人たちが能力的に劣っているからでもありません。

死ぬ子どもの数が減れば多産は解消できる

ここまで「アフリカ人は……」と、大きすぎる主語で語ってきてしまいました。アフリカに詳しい方からは叱られてしまうかもしれません。そもそもアフリカは大陸名です。日本の80倍以上もの面積がある大陸に、54もの国が存在します。

アフリカと一言で表しても、場所によって状況は様々です。ＳＤＧｓで特に注目されているサハラ砂漠以南のアフリカ[※11]だけでも11億３６００万人が暮らし

※11 The World Bank, Population, total - Sub-Saharan Africa〔https://data.worldbank.org/indicator/SP.POP.TOTL?locations=ZG〕

ています。

ケニアのナイロビや南アフリカのケープタウンといった高層ビルが立ち並び、市場経済とグローバル化の波に飲み込まれている大都市もある一方、紛争や貧困が問題になっているコンゴのような国もあります。

ちなみにコンゴという国一つをとっても、日本の面積の6倍以上もあり、首都キンシャサがある西部と治安の悪い東部では状況が大きく異なります（そしてまた、そのコンゴ東部の中でも……と話が続きます）。


私自身もわかりやすい発信をするため、「アフリカは」と書くことがよくあります。しかし、**そのたびに罪悪感も芽生えます。わかりやすさを強調すれば、その分だけ細部は見えにくくなってしまうからです。**

「アフリカ」という大きすぎる主語で括ってしまうと、アフリカの「実際の姿」を見誤ってしまいかねません。あれだけ広く、多種多様な人が暮らしている大陸を「アフリカは」と一括りで語ることには、どう考えても無理があります。仮に欧米の人が東南アジアのカンボジアで暮らす貧困層の人を見て、「なぜアジアは発展しないの？」と日本の私たちに質問してきたら**「いやいや、一**

言でアジアといっても広いんだよ」と答えるでしょう。それと同じことを、私たちはアフリカに対して頻繁にしてしまっています。

話を戻すと、「アフリカ人は子沢山」という漠然としたイメージは、特に地方で生活をする極度に貧しい家庭には当てはまる話です。[※12]経済的に最も貧しい10%の人々の場合、女性一人当たりの子どもの数は約5人であり、そのうち約半分の家庭では一人の子どもが5歳になる前に亡くなっています。

しかし、この話がすべてのアフリカ人に当てはまるわけではありません。私がウガンダに滞在していた時も、農村部では子どもを何人も産んだ女性の話を聞くこともありましたが、首都カンパラに暮らす中流階級の女性で何人もの子どもを産んだという話は、あまり聞いたことがありません。もちろん都市部にも、農村部から出稼ぎで移住してきたばかりの親子がいたり、貧困層が暮らすスラムもあるため、そのような事例が全く存在しないわけではありません。

しかし、一般的には農村部と比べて都市部は医療にもアクセスがしやすく、

※12 ハンス・ロスリング他『FACTFULNESS（ファクトフルネス）10の思い込みを乗り越え、データを基に世界を正しく見る習慣』（日経BP）

現金収入を得ている人なら薬を購入することもできるため、生後すぐに命を落とす子どもの数は少なくなります。**何人か子どもが亡くなることを想定して子作りをする必要性もなくなるのです。**

また、都市部では土地の値段も高く、農業を営むことは難しいです。そのため多くの人たちは、道端で小さな売店を営んだり、テイラーとして洋裁ビジネスをしたり、バイクタクシーの運転手として生計を立てたりしています。このような市場経済が成り立っている都市部では、一部の違法な児童労働を除けば、基本的には子どもを労働力としてみなすことはできません。

生活が安定してくれれば、自分の子どもには良い教育を受けさせたり、良い生活をさせてあげたいと思うのが親です。

特に都市部ではお金がなければ生活できませんから、闇雲に子どもを増やしてしまえば、一人の子どもにかけられるお金も少なくなってしまいます。彼らが性教育を受け、避妊具を手に入れられるようになれば、性交渉の数を減らさなくとも子どもの数を減らすことは可能です。

このような背景も、農村部で暮らす貧困層に比べると、都市部に暮らす中流階級の家族では子どもの数が少なくなる理由と考えられています。**「アフリカ人はみんな子沢山」というわけでは決してないのです。**比較的恵まれた生活を送るウガンダの友人に話を聞いてみた時には「あれ（子沢山）はヴィレッジ（村）の話だよ」と笑われたこともありました。

たしかにサハラ砂漠以南のアフリカでは、全体としてはいまだに乳幼児死亡率は高く、大多数の人たちが農業に携わっていることから、女性[※13]一人当たりの子どもの数も平均4・6人と多くなっています。**しかし、一言で「アフリカ」といえども、国や地域によって状況は様々です。**

例えば人間開発指数[※14]ランキングで189か国中189位である西アフリカのニジェールは乳幼児死亡率[※15]が最も高い国の一つであり、女性[※16]一人当たりの子どもの数は6・8人です。その一方で、アフリカの中でも経済成長が著しいケニア[※17]は乳幼児死亡率も比較的低く、女性[※18]一人当たりの子どもの数は3・4人とニジェールの半分になっています。

※13 The World Bank, Fertility rate, total（births per woman）- Sub-Saharan Africa〔https://data.worldbank.org/indicator/SP.DYN.TFRT.IN?locations=ZG〕

※14 United Nations Development Programme, Latest Human Development Index Ranking〔http://hdr.undp.org/en/content/latest-human-development-index-ranking〕

※15 ニジェールにおける2019年時点の乳幼児死亡率（5歳の誕生日を迎える前に亡くなる子どもの数）は1000人中80人。
参考：The World Bank, Mortality Rate, under-5（per 1,000 live births）- Niger〔https://data.worldbank.org/indicator/SH.DYN.MORT?locations=NE〕

※16 The World Bank, Fertility rate, total（births per woman）- Niger〔https://data.worldbank.org/indicator/SP.DYN.

漠然としたイメージや断片的な知識だけを持っていると「アフリカは……」と大きな主語で見てしまいがちですが、**データ[19]に基づいてアフリカを細かく捉えてみると、個々の国や地域によって、また人々の経済レベルによって様々な状況があることを理解できるかと思います。**

出生率が激減した「元」世界最貧国

アフリカではありませんが、第2章で登場した南アジアのバングラデシュはかつて「世界最貧国」と呼ばれ、女性一人当たりの子どもの数も非常に多い国でした。**しかし、経済成長に伴って医療や公衆衛生が発達し、子どもの死亡率が大きく下がったことによって、出生率も激減したのです。**

バングラデシュは1971年にパキスタンから独立しましたが、当時[20]の平均寿命は46・5歳、また5歳[21]の誕生日を迎える前に亡くなる子どもは1000人中221・9人もいました。**この時期のバングラデシュでは女性[22]一人当たりの子**

TFRT.IN?locations=NE)

※17 ケニアにおける2019年時点の乳幼児死亡率は1000人中43人。参考：The World Bank, Mortality Rate, under-5 (per 1,000 live births) - Kenya (https://data.worldbank.org/indicator/SH.DYN.MORT?locations=KE)

※18 The World Bank, Fertility rate, total (births per woman) - Kenya (https://data.worldbank.org/indicator/SP.DYN.TFRT.IN?locations=KE)

※19 本書執筆で参考にした『FACTFULNESS（ファクトフルネス）』（日経BP）では、このことについて第6章「パターン化本能」（P187）にてより詳しく書かれている。

※20 The World Bank, Life expectancy at birth, total (years) - Bangladesh (https://data.worldbank.org/indicator/SP.DYN.LE00.IN?locations=BD)

どもの数は6・9人と、当時は「バングラデシュ人は子沢山」だったのです。

しかし、独立[※23]から約半世紀が経った2019年の平均寿命は72・5歳にまで延び、5歳[※24]になる前に亡くなる子どもの数も1000人中30人にまで減少するなど、基本的な公衆衛生の環境が目覚ましく改善しています。

JICA[※25]（独立行政法人国際協力機構）は2015年の記事で、「20年間で下痢による死亡者数は91％減少し、栄養失調による乳幼児の死亡は79％減少した」と報告しており、この成果にはバングラデシュ政府や国際支援団体による公衆衛生の改善・啓発活動が大きく貢献しているのです。

特にバングラデシュの農村部における公衆衛生の改善には、JICAをはじめとした国際機関や様々なNGOが長い時間をかけて取り組んできました。**支援はちゃんと成果を出しているのです。**

そんな現在のバングラデシュでは、女性[※26]一人当たりの子どもの数は2・01人まで減っています。首都ダッカは「人口密度が世界一」と言われることもあるため、この数字は信じられないかもしれませんが、本当です。

※21 The World Bank, Mortality rate, under-5 (per 1,000 live births) - Bangladesh (https://data.worldbank.org/indicator/SH.DYN.MORT?locations=BD)

※22 The World Bank, Fertility rate, total (births per woman) - Bangladesh (https://data.worldbank.org/indicator/SP.DYN.TFRT.IN?locations=BD)

※23 The World Bank, Life expectancy at birth, total (years) - Bangladesh (https://data.worldbank.org/indicator/SP.DYN.LE00.IN?locations=BD)

※24 The World Bank, Mortality rate, under-5 (per 1,000 live births) - Bangladesh (https://data.worldbank.org/indicator/SH.DYN.MORT?locations=BD)

※25 BANGLAND「バングラデシュの最新医療情報！」（2015年4月5日）(https://www.jica.go.jp/bangladesh/bangland/reports/report12.html)

過去数十年の間に医療や公衆衛生が発展し、子どもが死ななくて済む社会になった。そして人々が性教育を受け、避妊具を手に入れられるようになったことで、女性が何人もの子どもを産む必要がなくなったのです。ちゃんと生きられることがわかっているのなら、あらかじめ何人か死ぬことを想定する必要もありません。

また、**農業から工業への産業転換が進んだことや、それに伴って人々が農村部から都市部に移住したことも、少子化が進んだ一つの要因と言われています。**バングラデシュは[※27]独立当時の１９７１年には92・０%の人が農村部で生活していましたが、２０１９年にはその割合は62・５%まで減少しています。

国民の大多数が農業に携わっているうちは、子どもも労働力になることから女性は多産になります。しかし、第2章で見たように近年のバングラデシュは国全体として縫製業に力を入れており、都市部に移住して縫製工場で働く女性も増え、女性の社会進出が進みました。このような産業構造の転換や生活様式の変化が起きたことも、女性一人当たりの子どもの数が減少したことの一因と指摘されています。

※26 The World Bank, Fertility rate, total (births per woman) - Bangladesh (https://data.worldbank.org/indicator/SP.DYN.TFRT.IN?locations=BD)

※27 The World Bank, Rural population (% of total population) - Bangladesh (https://data.worldbank.org/indicator/SP.RUR.TOTL.ZS?locations=BD)

バングラデシュの貧困率を見てみても、[28]2000年には34・2％だったのが2016年には14・3％まで減少しています。**ラナプラザ崩落事故のような負の側面がある一方、経済発展が進むことで国全体の貧困問題が改善されるという正の側面もあることが、グローバル化の功罪を考える上で難しい点です。**

ちなみに、宗教[29]と女性一人当たりの子どもの数を結びつけて考える人も多いですが、「何の宗教を信仰しているか」は出生率にはそれほど関連性がなく、それ以上に経済レベルが関係していると言われています。

「イスラム教徒は子沢山」と考えている人も多いですが、バングラデシュは国民の約9割がイスラム教徒です。イスラム教徒だろうが、キリスト教徒だろうが、その他の宗教・無宗教だろうが、貧困層は子どもが多くなり、生活が安定してくれれば出生率も減少する傾向があります。

日本にもかつては多産な時代があった

※28 The World Bank, Poverty headcount ratio at $1.90 a day (2011 PPP) (% of population) - Bangladesh (https://data.worldbank.org/indicator/SI.POV.DDAY?locations=BD)

※29 ハンス・ロスリング他『FACTFULNESS（ファクトフルネス）10の思い込みを乗り越え、データを基に世界を正しく見る習慣』（日経BP）

少子高齢化が叫ばれている時代ですから、現在の日本の出生率が低いことはご存じかと思います。[※30] 2019年時点で女性一人当たりの子どもの数は1・36人です。私が生まれた1994年時点で出生率は1・5人となっており、それ以降は1・2人から1・4人の間を行ったり来たりしています。

そんな少子化が社会問題の文脈で語られることもある日本に暮らしていれば、テレビやネットで何人もの子どもを産んだアフリカの女性の話を目にすると、「アフリカ人は子沢山」という漠然としたイメージを持ってしまうかもしれません。

アメリカやヨーロッパ諸国、また日本のような「先進国」と呼ばれる国々では出生率は低くなっていますから、そんな国の人たちからすれば**「人口爆発の原因はアフリカ人の多産にある。このままではアフリカ人のせいで地球の資源が足りなくなってしまう」**などと、責任を擦り付けたくもなるかもしれません。

しかし、現在「先進国」と呼ばれている国々でも、かつては乳幼児の死亡率が高かった時代もあること、また経済発展の過程では多産による人口増加の時

※30 The World Bank, Fertility rate, total (births per woman) - Japan (https://data.world bank.org/indicator/SP.DYN.TFRT.IN?locations=JP)

期があったことは、少し歴史を振り返ればわかることです。

今では一つの恒例行事となっている七五三も、その由来には諸説あるようですが、乳幼児死亡率が高かった時代に「3歳・5歳・7歳まで子どもが生きることができたことを祝福するため」に始まったという説もあります。

そこまで昔の話をしなくても、[※31]日本も昭和初期まではマラリアが存在していましたし、下痢や栄養失調で命を落とす子どもたちもいました。

また、私の祖父母の世代（戦前・戦後の時代を生きた世代）では、兄弟が5人や6人いるという人も珍しくはなかったと聞きます。なぜかと言えば、この時代の日本では幼くして命を落とす子どもが多かったからです。

[※32]戦後すぐの日本に訪れた「ベビーブーム」の時期でさえも[※33]合計特殊出生率は4・3を超えており、一人の女性が平均4人以上の子どもを産んでいました。

前にも述べたように、現在の日本では[※34]生後1年以内に亡くなる乳児は1000人中1・8人となっています。しかし、ある日突然「子どもが死なずに済む社

※31 マラリア・ノーモア・ジャパン「年間42万人以上が命を落とす感染症、マラリアとは」(https://www.malarianomore.jp/malaria)

※32 内閣府「出生数、出生率の推移」(https://www8.cao.go.jp/shoushi/shoushika/whitepaper/measures/w-2011/23webhonpen/html/b1_s2_1_1.html)

※33 合計特殊出生率とは、15歳から49歳までの女性の年齢別出生率を合計したもの。一般に、一人の女性が一生の間に産むことが見込まれる子どもの数を指す。

※34 The World Bank, Mortality Rate, infant (per 1,000 live births) - Japan (https://data.worldbank.org/indicator/SP.DYN.IMRT.IN?locations=JP)

会」になったわけでは決してありません。**時代を経るごとに少しずつ医療や公衆衛生が発達し、長い時間をかけて乳幼児死亡率も低くなってきたというプロセスがあるのです。**

「アフリカは発展しない」という思い込み

インド独立の父マハトマ・ガンディーは「善きことはカタツムリの速度で動く」という言葉を残しています。**少しずつ良くなっているものというのは、残念ながら人々には気づかれにくい性質があるのです。**

「現在の日本」という視点のみでアフリカを見てしまうと、「アフリカはいつまでも発展しない」「支援は本当に役立っているのだろうか？」などと感じてしまうかもしれません。**しかし、日本が少しずつ「子どもが死なずに済む社会」へと発展してきたように、アフリカも少しずつ「子どもが死なずに済む社会」になってきています。**

サハラ砂漠以南のアフリカでは、[※35]５歳の誕生日を迎える前に亡くなる子どもの数は30年前の１９９１年には１０００人中１７６人だったのが、その後10年ごとに１４５人、97人と減り、最新のデータがある２０１９年では75人まで減少してきています。

乳幼児死亡率は、「社会全体の健康状態」を表す一つの指標と言われることがあります。その乳幼児死亡率を見るだけでも、少しずつではありますが、アフリカの状況も改善してきていることがわかるはずです。

そして、かつて世界最貧国と呼ばれたバングラデシュが海外からの支援によって乳幼児死亡率が大きく減少したように、アフリカで乳幼児死亡率が改善していることにも、国際機関や各国政府による支援、ＮＧＯによる地道な草の根の活動が貢献しています。

「アフリカはいくら支援したところで発展しない」というわけでは決してないのです。

もちろん第1章で指摘したような「現地の事情を顧みない支援のせいでアフ

※35 The World Bank, Mortality rate, under-5 (per 1,000 live births) - Sub-Saharan Africa [https://data.worldbank.org/indicator/SH.DYN.MORT?locations=ZG]

リカの自立が妨げられてきた」という側面は、少なからず存在します。それはそれで問題です。

しかし、私たちが生きている世界は「0か100か」で語れるほどシンプルではありません。「発展しているか、発展していないか」「支援に意味はあるか、支援に意味はないか」という単純な二項対立で考えてしまうのではなく、その間には無限のグラデーションがあるということを頭に入れておく必要があります。

蛇口をひねればいつでも安全な水が手に入り、国民皆保険制度のおかげで誰もが基本的な医療を受けられる。そんな日本からアフリカを見れば、20年前だろうと10年前だろうと、2021年の状況だろうと、アフリカの人たちはとてつもなく貧しい生活をしているように見えてしまいます。

「アフリカはいつまでも発展しない」[※36]と簡単に切り捨ててしまうのではなく、**「それは本当に事実なのか」「この数十年でどれくらい変化しているのか」などと冷静になって立ち止まり、データをもとに捉える姿勢を持ってみてください。**

※36 本書執筆で参考にした『FACTFULNESS（ファクトフルネス）』（日経BP）では、このことについて第2章「ネガティブ本能」（P61）や第7章「宿命本能」（P215）にてより詳しく書かれている。

虫と鳥の目を持てばリテラシーは身につく

もう一つ、今回のテーマから私たちが学ぶべきことがあります。それは、**メディアが切り取った一部の情報に惑わされるのではなく、時にはより近くから具体的に、時には俯瞰的に物事を捉えることで、世界を正しく見る姿勢です。**

例えばテレビ番組は、いかに視聴者を惹きつけ、高い視聴率を出すかを考えているため、世にも珍しい事例を取り上げる傾向があります。ネットの記事も同様です。

テーマ選びはもちろん、いかに[※37]センセーショナルなタイトルと画像を使い、読者にクリックしてもらうかを発信側は考えています。「アフリカと多産」というテーマに関して言えば、例えばアフリカのある女性が一人で何十人も子どもを産んだ事例などです。実際にそのような番組や記事を目にしたことがある方もいるかもしれません。

※37 筆者自身もユーチューブのサムネイルとタイトルには、センセーショナルな言葉を使うことも多いため、時に批判されることがある。しかし、難しい社会問題をたくさんの人たちに伝えるためには、まずは「何だこれ?」と、興味を持っても

しかし、データに基づいて今の世界を捉えてみると、実はそのような事例はレアケースで、必ずしも全体像を表しているわけではないことがあります。**それにもかかわらず、たった一つの事例を拡大解釈して「アフリカは」と大きな主語で語っていては、間違った世界の捉え方をすることにも繋がりかねません。**それはアフリカに関係なく、どんな事象にも言えることです。

何となくのイメージではなく、**世界を正しく見るためには、虫の目と鳥の目を両方持つことが必要です。**

虫の目というのは、まるで小さな虫が目の前を見ているかのように、物事を細かく捉える力を指します。「アフリカ」と聞けば、貧困や飢餓といった大まかなイメージが頭に浮かぶかもしれません。もちろんそのイメージが完全に間違っているわけではありません。しかし、**時にはじっくりデータと睨めっこしてみたり、そこで暮らす一人ひとりが何を考え、どんな生活をしているのかを知ろうとしてみたり、より近くから具体的に物事を見る姿勢が大切です。**

らわなければ始まらない。膨大な動画がアップされているユーチューブというプラットフォーム上で、一人でも多くの人の目に留まり、そしてクリックをしてもらう。そのためにサムネイルとタイトルはセンセーショナルに作るが、動画の中身では常に本質的なメッセージを伝える……という工夫を私自身は意識している。情報発信をする上での一つの戦略である。
しかしながら、この戦略に対しても「動画を観てくれない人からは、サムネイルとタイトルに使ったセンセーショナルな内容ばかりが広まってしまうのではないか?」と批判を頂くこともあり、常に葛藤している部分である。

しかし、虫の目だけでは一つの事例に惑わされてしまうリスクもあります。**ここで求められるのが鳥の目です。**大空を飛び回り、空から地上を見渡す鳥のように、ある出来事の一つの側面だけに囚われてしまうのではなく、俯瞰的な視点から物事を捉えてみる。**なぜそのような事象が起きているのか、背景にも目を向け、物事を構造的に理解する力が必要です。**

近年はマスメディアによる「切り取り報道」もたびたび問題視されています。また、ネットでは極端な意見のほうが反響が大きくなり、極端な意見ばかりが拡散されていく傾向もあります。

しかし、私たちが暮らす世界はそれほどシンプルではありません。**何かインパクトのある話を目の前にしても、一呼吸おいて冷静になり、俯瞰的に見る姿勢も忘れないでください。**

そして最後に、あと一つだけお伝えしたいことがあります。**私たち人間は、どんなに気をつけていても、間違えてしまう生き物だということです。**たとえ虫の目と鳥の目を持っていたとしても、時に私たちは誤った世界の見方をしてしまいます。

これだけ様々な情報が飛び交う時代に生きているわけですから、誤った情報に触れ、誤った考えを持ってしまうのは、もはや避けようがありません。私自身はユーチューブで発信する時、できる限り客観的な視点から解説することを心がけてはいます。**しかし、それでも後で動画を観返した時に「これは偏っていた」「あの話にも触れるべきだった」などと反省することは多々あります。**そういった理由で何本か動画を削除したこともあります。

これは自分自身にも常々言い聞かせていることですが、**自分が間違っていたことに気がついた時、もしくは周りから指摘された時、それを謙虚に認める姿勢が大切です。**

そしてまた、「世界は変化し続けている」ということを理解し、一つの考え方や価値観に固執するのではなく、**常に知識と情報をアップデートしていくことで「正しいとは何なのか？」を考え続けていく姿勢が大切なのだと思います。**

コラム

第三の〝魚の目〟で見る「中国のアフリカ進出」

アフリカ人は本当に中国を悪く思っているのか

私が意識している「世界を正しく見る姿勢」として、虫の目と鳥の目を紹介しました。**これに加えてもう一つ、「魚の目」にも触れておきたいと思います。**

海流がどこからどこへ流れているのかを把握しながら泳ぐ魚のように、**今の世界がどのように動いているのか、時代の流れを察知しながら物事を捉えたり、ある言説の背景には誰のどんな思惑が隠されているのかを客観的な視点から推測していく力、それが「魚の目」です。**

この話をする時、私がよく引き合いに出すのが「**アフリカ人は本当に中国を悪く思っているのか**」という話です。

第4章でも触れたように、近年のアフリカにおいては中国が積極的にインフラ整備や投資をしており、アフリカに対する影響力を高めています。

アフリカに詳しい日本人の間では「アフリカに対する中国の影響力を大リーグに喩えるなら、日本のそれは草野球だ」と冗談で言われることもあります。日本人が現地で街中を歩いていると「ニーハオ!」「チャイニーズ!」と頻繁に声をかけられます。東アジア人が歩いていると、みんな中国人だと思われているようです。

その一方で、中国の影響力が高まるにつれて、アメリカやヨーロッパ諸国からは「中国は地元の雇用やビジネスを奪っている」「中国はアフリカから資源を奪っている」などと批判される傾向があります。日本においてもマスメディア・ソーシャルメディアに関係なく「中国はアフリカの人たちから嫌われている」という言説を様々な媒体で目にします。

もちろん、このような批判が必ずしも間違っているわけではありません。私がウガンダで一緒に活動していた知人は「中国からの援助は自国のキャパシティを超えている。**このままではウガンダは中国の言いなりになってしまう**」と問題意識を語っていました。このような「中国はアフリカを『債務の罠』[※1]に嵌めようとしている」という批判は、様々な場面で耳にします。

その一方で、**実は私たちが想像しているほど「アフリカの人たちは中国の存在を悪く思っていない」**というデータもあります。ＢＢＣ（英国放送協会）が実施した世界規模の世論調査「World Service Poll 2014」を見てみましょう。

「World Service Poll 2014」では、世界24か国で無作為に抽出した約１０００人に対して、アメリカや中国、イギリス、フランスなど、世界の主要国に対する評価について「その国は世界に対して肯定的な影響を与えているか？　否定的な影響を与えているか？」という質問が行われました。

アフリカには54の国がありますが、２０１４年の調査時はナイジェリア・ガーナ・ケニアが対象となっています。その結果によると、**世界に対する中国の影響を「肯定的」と評価したのは、ナイジェリア人で85%、ガーナ人で67%、ケニア人で65%にもなったのです。**

2017年にも同様の世論調査が行われており、この年はナイジェリアとケニアの2か国が対象でしたが、ナイジェリア人の83%、ケニア人の67%が中国に対して肯定的な評価をしています。

もう一つ、別の調査結果を見てみましょう。アフリカ全域を対象とした超党派の調査研究ネットワーク「アフロバロメーター」(Afrobarometer)が公表する「アフリカ人の中国に対する認識」に関する世論調査があります。

※2 2016年10月に結果が公表された調査は、アフリカの36か国約5万4000人を対象に面接形式で実施され、これはアフリカ大陸の人口4分の3以上の意見を反映しているとされています。

この調査の対象者のうち、**自国における中国の経済的・政治的影響力を肯定的に捉えている人は63%、また中国による経済援助を肯定的に捉えている人は56%にも**

なったのです。

中国に対する印象を良くしている要因として最も多かった回答は「中国のインフラや開発への投資（32%）」、次いで「中国製品の価格の安さ（23%）」、「中国のビジネスへの投資（16%）」となっています。

その一方、中国に対する印象を悪くしている要因として最も多かった回答は「中国製品の品質の悪さ（35%）」、次いで「地元から雇用やビジネスを奪っている（14%）」、「アフリカから資源を奪っている（10%）」となっています。

西側諸国のメディアでは「中国はアフリカから雇用や資源を奪っている」という批判を頻繁に目にします。しかし、**この結果を見る限り、私たちが思っているほどアフリカの人たちは「中国は雇用や資源を奪っている」という問題意識を持っていないようです。**

同様の調査[※3]は2019年から2020年にかけても実施され、2020年9月に結果が公表されています。こちらでは調査対象となった18か国中、自国における中国の経済的・政治的影響力を肯定的に捉えている人の割合は59%となっています。

近年は新型コロナの世界的パンデミックが起きたこともあり、アフリカの人たちの中国に対する評価が変わっていることも考えられます。

また、現地の人たちが受けている教育レベルによっても、中国に対する評価は変わるかもしれません。「このままでは中国の言いなりになってしまう」と言っていた、先ほど紹介したウガンダの知人は大学を出ています。

ちなみにＵＮＥＳＣＯ（国際連合教育科学文化機関）によれば、２０１６年のウガンダにおける高等教育就学率は５・１％です。

しかし、このような客観的な世論調査のデータにも目を通してみると、**「実は私たちが普段メディアで見聞きしているほど、中国はアフリカで嫌われていないのかもしれない」**と、別の角度から中国のアフリカ進出を捉えることができます。

ここで「魚の目」を発揮してみましょう。**つまり、「中国はアフリカで嫌われている」という言説は、どのような世界の動きから登場しているものなのか、そして誰のどんな思惑が働いているのかを考えてみるのです。**

アフリカの人たち自身は、中国による影響を肯定的に捉えている人も多い一方で、アメリカやヨーロッパ側が中国によるアフリカ進出を（必要以上に）強く批判している背景には、**西側諸国がこれまで主導してきた世界体制が中国に脅かされていることに危機感を持っているからではないでしょうか。**

第4章で説明した通り、歴史的には何百年もの間ヨーロッパがアフリカに大きな影響力を持ってきました。第二次世界大戦後から21世紀初頭まではアメリカが世界体制を主導し、アフリカに対しても大きな影響力を持ってきました。

しかし、近年になって急速に中国が国際政治の舞台において台頭してきており、欧米至上主義の世界体制を脅かしつつあります。アフリカに対しても、これまではヨーロッパとアメリカが大きな影響力を持ってきましたが、近年は経済的にも政治的にも中国がアフリカで大きな存在感を示しています。

このような世界情勢は欧米にとって都合が悪いからこそ、アフリカの人たち自身が中国に抱いている印象以上に、中国のアフリカ進出を批判しているのではないか。これは一つの考察に過ぎませんが、**時代の動きや世界の流れを踏まえた上で物事を見る「魚の目」を持っていれば、このような想像力を発揮することができます。**

その一方で、日本でも「中国はアフリカで嫌われている」という言説が広く根付いていますが、それはなぜか。これに対して、アフリカ地域研究者の第一人者であり、立命館大学国際関係学部教授の白戸圭一さんはこのように述べています。

（中国はアフリカで嫌われているという）こうした通説は「中国はアフリカで嫌われていて欲しい」という日本人の願望の反映ではないかと考えている。[※4]（『アフリカを見る　アフリカから見る』ちくま新書、括弧内は筆者が補足）

この指摘は、人によっては「グサリ」と来るのではないでしょうか。

近年の日本において、中国に対する否定的な感情が高まっていることは周知の事実です。2014年のBBCによる調査を見ても、世界に対する中国の影響力を「肯定的」と評価した日本人は、調査対象国の中では最低の3%。否定的な評価をした人の割合は73%になっており、過去最高値を記録していました。

近年は尖閣諸島の領有権を巡った問題をはじめ、中国が日本の国益を脅かすニュースも頻繁に目にしますが、こういった調査結果を見ても、多くの日本人が中国に対して否定的な印象を抱いていることがわかります。

また、日本で報じられる国際ニュースはアメリカ経由で入ってくることが多いです。「現在の世界体制はアメリカと中国によって二分されている」と、米中新冷戦に突入したとすら言われる今の時代、そのアメリカから入ってくる国際ニュースばかりを見ていたら、中国に対して否定的な評価を持ってしまうのは仕方がないことかもしれません。

その一方、今回紹介したような国際的な世論調査にも目を通したり、アメリカや日本で報道されている国際ニュース以外にも、例えばイギリスのＢＢＣや中東のアルジャジーラといった海外メディア、さらにはアフリカの現地メディアが報じているニュースにも目を通してみると、中国のアフリカ進出に対する印象も変わってくるかもしれません。

先ほど引用した白戸圭一さんは、先述した『World Service Poll 2014』とアフロバロメーターが2016年10月に公表した調査結果について触れ、以下のように述べています。

（前略）二つの世論調査結果は、日本に定着した「アフリカで嫌われている中国」との通説を鵜呑みにせず、少しは疑ってかかることの重要性を教えてくれる。近年の日本には自国礼賛に夢中な人が社会に一定数おり、日本は素晴らしい国だと主張する本が売れ、同時に嫌韓・嫌中の本が売れている。私も日本は素晴らしい国だと思うが、自分の見たいものだけを見て、自分が信じたいことだけを信じていたのでは、進歩の機会を失ってしまう。（同書）

人間は誰しも、自分なりの価値観や軸を持って世界を見ている、つまりは自分なりの「世界観」を持っています。しかし、**その「世界観」は、どこから情報を得ているか、普段どんなメディアをチェックしているかによっても大きく変わってきます。**

特にネットには「フィルターバブル」と呼ばれるものがあり、検索サイトやソーシャルメディアが提供するアルゴリズムによって個々の利用者に最適化された情報しか届かず、結果的に**自分の見たい情報しか見えなくなる**ということを理解しておく必要があるでしょう。

正直に言えば、私自身も長らく「中国はアフリカで嫌われている」という漠然としたイメージを持っていました。

しかし、自分でも各種の世論調査結果をじっくり見てみたり、アフリカ（ウガンダ）で働く中国人の方と直接話をしてみたり、昨今の国際情勢について勉強してみたりする中で、**「メディアで見聞きしている情報は果たして本当なのだろうか？」と、良い意味で疑いの目を持つようになりました。**

世界は変化し続けているからこそ、人の価値観や考え方も変わっていくものだと思います。

このコラムを読んで「原貫太は中国を擁護している」と感じる人もいるかもしれません。誤解のないように補足しておくと、たしかに中国が行っている債務の罠（借金漬け外交）のような事例は批判されるべき点です。今後数十年にわたってその弊害が表に出てくれば、アフリカの人たち自身の中国に対する評価も変わってくるかもしれません。

正直に言えば、今の日本でこのような意見を発信することには、大きな勇気が必要です。中国を擁護するスタンスに思われてしまえば、「反日」のレッテルを貼られてしまうこともあるからです。

しかし、あくまでもここで伝えたいことは、**私たちが持っている世界観というのは、気づかぬうちにメディアの影響を大きく受けてしまっている**という点や、**この数百年間は行き過ぎた欧米中心主義、つまり「アメリカやヨーロッパこそ正しいのだ」という価値観によって世界体制が作られてきた**という点です。

時代を振り返れば、その価値観というのはヨーロッパによるアフリカの搾取を正当化した「文明化」だったり、アメリカによる中東への進出を正当化した「テロとの戦争」だったりします。

海の中を泳ぐ魚のように、時代や世界の流れを捉えることによって、**今の自分が**

どちらに流されようとしているのか、客観的な視点から捉えてみる。そんな「魚の目」も意識してみると、あなたが今持っている世界観も変わってくるかもしれません。

※1 債務の罠とは、つまりは「借金漬け外交」のこと。援助を受けた国が、債権国（この場合は中国）から政策や外交で圧力を受ける事態に陥る状況を指す。例えば南アジアのスリランカは、中国から借りたお金を返済できなくなってしまったため、中国の援助で建設された港の運営権を中国に差し出すことになった。その結果として、中国は地政学上も重要なインド洋に出やすくなった。

※2 AFRO BAROMETER, China's growing presence in Africa wins largely positive popular reviews（https://afrobarometer.org/sites/default/files/publications/Dispatches/ab_r6_dispatchno122_perceptions_of_china_in_africa1.pdf）

※3 AFRO BAROMETER, Africans' perceptions about China : A sneak peek from 18 Countries（https://afrobarometer.org/sites/default/files/africa-china_relations-3sept20.pdf）

※4 白戸圭一さんの書かれた『アフリカを見る アフリカから見る』（ちくま新書）は、このコラムを書くにあたっても参考にさせていただいた。アフリカについて学ぶ上でとても勉強になる一冊なので、興味のある方は是非読んでみてほしい。

第6章

なぜ近年、日本で貧困が叫ばれるのか

電気も水道もなく、子どもたちはみんな裸足で外を歩いているアフリカの貧困地域。そんな場所での支援活動に携わり、数カ月ぶりに帰国すると「日本は本当に便利な国だな」と感じさせられます。蛇口をひねれば手に入る清潔な水。わずか数分の遅れでも車掌が謝罪をする電車。生活に必要なモノは何でも購入できる24時間営業のコンビニ。

しかし、そんな便利すぎるほど発達した社会だからこそ、日本に存在する貧困は「外からは見えにくい」「貧しいことに気づかれにくい」という性質があるのではないでしょうか。

アフリカでは、例えば貧困層の子どもはボロボロの服を着ていたり、裸足のまま路上で生活していたりするため、外見から貧しいことがすぐにわかります。一方の日本では、経済的には貧困層に分類される人であっても、例えば安く購入できるファストファッションの服を着ていたり、生活や仕事のためにスマートフォンを持っていたりします。近年は「メルカリ」のようなフリマアプリも普及していますから、安くて質の良い中古品も手に入りやすくなりました。

これを「日本人は恵まれているから良いじゃないか」で片づけてしまうことは簡単です。**しかし、逆に考えれば日本の貧困問題は、当事者の身なりや所持品、生活様式からは判別しにくく、「外からは見えにくい」と言うこともできます。**

この後にも解説するように「日本では全人口のうち15・4％が相対的貧困層」と考えられていますが、単純に計算すれば街中を歩いている6〜7人に1人程度が該当するということです。

しかし、こんな数字を聞かされたところで「そんなに貧困層がいるのだろうか？」「彼らは本当に苦しんでいるのだろうか？」などと感じてしまう人も多いのではないでしょうか。

ただでさえ今の日本には自己責任論が蔓延しており、さらには経済的に貧しい状況にあることを「恥ずかしい」とする風潮も漂っています。そのため、貧困の当事者が自らの境遇について発信しにくい。**こうした外からの見えにくさが、日本の貧困問題に対する誤解に繋がっているように感じます。**

一方、日本では貧困報道に対する「貧困バッシング」も度々見られるなど、**貧しそうに見えなければ貧困とは認められない**という性質もあるように感じます。

例えば貧困の当事者とされる人が趣味にお金をかけていたり、外食をしたりしている様子が少しでも見られると、その部分だけを過剰に切り取って「趣味や外食にお金を使う余裕があるなら貧困ではない！」などと赤の他人が断罪する現象です。他にも、水商売で生計を立てていた女性がコロナ禍で困窮し、生活支援を受けている様子に対して「安定した仕事を探さずに水商売なんかやっているからだ」「髪の毛を染めているくらいなら貧困ではない」などのバッシングが起きたこともあると聞きます。

日本のような先進国で起きている貧困は「外からは見えにくい」という性質があるにもかかわらず、逆にそれが表に出てくると今度は「貧困バッシング」が行われるというのは、何とも皮肉な状況です。

ＳＤＧｓでは「あらゆる場所で、あらゆる形態の貧困に終止符を打つ」が一つ目の目標として掲げられています。アフリカのような海外だけではなく、日本を含む先進国における貧困にも目を向けていく必要があるのです。

私はこれまで、多くの方から「日本でも問題は山積みなのに、なぜわざわざ海外で支援活動をされているのですか?」と聞かれてきました。しかし、海外で活動しているからといって、日本の問題から目をそらしているわけではありません。**〝海外か日本か〟ではなく、〝海外にも日本にも〟目を向けていく必要があると考えています。**

最終章である第6章では、私たちが暮らす足元に目を向け、日本における**相対的貧困**の問題について考えていきます。

相対的貧困はその名の通り〝相対的〟なものであり、経済的な尺度だけで捉えてしまうと「アフリカの絶対的貧困よりは『まだマシ』ではないか?」と感じてしまうかもしれません。**しかし、逆に海外の貧困（絶対的貧困）と比べてみることで、相対的貧困の特徴にも気づきやすくなるのではないかと私は考えています。**

日本における相対的貧困とは、いったいどういうものなのか。その本質的な問題点について一緒に考えていきましょう。

相対的貧困は「行き過ぎた格差」の現れ

貧困問題という言葉を聞けば、多くの人はアフリカ諸国をはじめ、いわゆる発展途上国の貧困が頭に浮かぶのではないでしょうか。

実際にグーグルの画像検索に「貧困」と打ち込んでみると、出てくる画像のほとんどが海外の写真です。ボロボロの服を着ている子どもや栄養失調で今にも餓死しそうな赤ちゃんなど「衣食住すらままならない状態＝貧困」と考えている人は多いように思われます。

しかし、言うまでもなくアフリカの生活様式と日本の生活様式には大きな違いがあるため、両者を同列に語ってしまうと、相対的貧困の本質的な問題を見誤ってしまいます。まずは大前提となる知識として「絶対的貧困」と「相対的貧困」の定義を確認しておきましょう。

第４章でも見たように、絶対的貧困とは人間として最低限の生活すら送れていない状態を指し、**世界銀行[※1]が定める「国際貧困ライン」では１日１・９ドル未満（日本円で約２００円以下）で暮らす人を貧困層と定義しています。**この金額を下回るレベルの生活では衣食住すらままならず、また基本的な医療や初等教育にもアクセスが難しいことから**「絶対的貧困層」**と呼ばれます。

その一方で、物価が高く、また各種のインフラ（電気・ガス・水道・インターネット等）に依存しなければ生活が難しい日本のような先進国では、「国際貧困ライン」を当てはめると一部の路上生活者などを除き、貧困層はほとんど存在しないことになってしまいます。

このような背景から、日本の貧困を定義する際に使われる概念が**「相対的貧困」**です。

相対的貧困とは、噛み砕いて説明すれば**「日本の生活水準や文化水準と比較して貧しい状態」**を指します。具体的には**「所得[※2]（等価可処分所得）の中央値の半**

※1 世界銀行「世界の貧困に関するデータ」〔https://www.worldbank.org/ja/news/feature/2014/01/08/open-data-poverty〕

※2 等価可処分所得とは、世帯の可処分所得を世帯人数の平方根で割ったもの。可処分所得は所得から所得税、住民税、また社会保険料等を差し引いたものを指し、自分の意思で生活に使える所得を指す。いわゆる「手取り収入」が可処分所得。

分以下」と定義されており、厚生労働省によると※3 2018年の貧困線、つまり「この金額を下回ると相対的貧困層になる」というラインは年収127万円となっています。

この貧困線に満たない世帯員の割合は全人口の15・4%となっており、**国民※4の約6～7人に1人が相対的貧困層である**と考えられているのです。

この定義からもわかるように、相対的貧困とは、つまりは「格差」の問題です。そのため「資本主義が支配する社会で格差が生まれてしまうのは仕方がないことだろう」と考えてしまう人もいるかもしれません。

一般的に格差というのは、全く存在しない社会よりも、ある程度存在する社会のほうがいいと言われています。なぜなら、程よい※5格差が存在する社会では競争原理が働き、世の中に活力が生まれることで経済成長に繋がると考えられているからです。

しかし、その格差が極端に広がってしまったり、世代を超えて固定されてしまったりすれば、格差が存在することのメリットよりもデメリットが大きく

※3 厚生労働省「各種世帯の所得等の状況」(https://www.mhlw.go.jp/toukei/saikin/hw/k-tyosa/k-tyosa19/dl/03.pdf)

※4 例えば居住している地域の生活コストや生活様式によっても実際の困窮度合いは変わるため「相対的貧困を所得の中央値で定義することには意味がない」といった批判がされることもある。

※5 所得格差を測る一つの指標に「ジニ係数」がある。ジニ係数は0から1の間で表され、0に近いほど格差が少なくなり、1に近いほど格差が大きくなる(0は完全な所得分配ができている状態、1は一つの世帯がすべての所得を独占している状態)。また、ジニ係数には「当初所得ジニ係数」と「再分配所得ジニ係数」がある。平

なってきます。貧困層の人たちが犯罪に手を染めざるを得なくなり、治安が悪化してしまうかもしれない。また、社会の流動性が低くなれば、働くことに対する人々のモチベーションも下がってしまいます。**相対的貧困とは、そういった「行き過ぎた格差」を考える一つの指標になります。**格差の犠牲者側に立たされている人が「相対的貧困層」と呼べるかもしれません。

ＯＥＣＤ（経済協力開発機構）によれば、例えば「超格差社会」と呼ばれる[※6]アメリカの相対的貧困率は17・8％と、日本の15・7％より2・1ポイント高くなっています（ＯＥＣＤ基準で算出）。アメリカは「相対的貧困＝行き過ぎた格差」が日本より深刻ではあるものの、それほど大差はありません。日本はＯＥＣＤ加盟国の相対的貧困率では36か国中下から9番目となっており、Ｇ7の中ではアメリカに次いで2番目に高い比率となっています。

行き過ぎた格差を意味する相対的貧困を放置していては、ＳＤＧｓで謳われる「持続可能な発展（Sustainable Development）」や「誰一人取り残さない（leave no

たく言えば、当初所得ジニ係数は最初に得た所得をもとに算出されるジニ係数で、再分配所得ジニ係数は社会保険料や税金の控除を行い、年金、医療、介護などの社会保障給付を加えた再分配後の状況を反映するジニ係数。現実社会の格差を見る上では「再分配所得ジニ係数」が重要になる。

２０１７年時点の日本の当初所得ジニ係数は０・５５９４、再分配所得ジニ係数は０・３７２１。一般的にジニ係数が０・５を超えると格差が非常に深刻な状態とされ、０・３から０・４の間では、たしかに格差は存在するが、競争原理が働くため経済成長の観点からは好ましいとされる。

参考：厚生労働省「令和2年版 厚生労働白書」

※6 OECD,Inequality-Poverty rate（https://data.oecd.org/inequality/poverty-rate.htm）

one behind)」を実現していくのは難しいでしょう。これが海外の絶対的貧困だけではなく、日本の相対的貧困にも目を向けるべき理由です。

4人に3人のシングルマザーが養育費を受け取れない

相対的貧困に関する基本知識を確認したところで、当事者がどのような問題に直面しているのか見ていきましょう。特に日本で深刻視されているのが、**離婚後のシングルマザーが直面する相対的貧困**です。

シングルマザーの貧困は、経済的に困窮していることだけが問題ではありません。一度でも貧困に陥ってしまうと、その後の選択肢が狭められることで貧困から抜け出すことが難しくなったり、世代を超えて貧困が受け継がれてしまったりするからです。

厚生労働省[※7]によると、日本の母子世帯の数は123・2万世帯、一方の父子

※7 厚生労働省「ひとり親家庭の現状と支援施策について～その1～」(https://www.mhlw.go.jp/content/11920000/000705274.pdf)

世帯の数は18・7万世帯となっており、母子世帯がひとり親世帯全体のうち86%を占めています。

ひとり親世帯になる最も大きな要因は「離婚」[※8]ですが、これには日本では離婚後のほとんどのケース（一般的に8～9割）で母親が親権を持つことが関係しています。

その一方、**離婚後のシングルマザーは貧困に陥るリスクが非常に高い**ことが問題視されています。

子どもがいる現役世帯（世帯主が18歳以上65歳未満）の世帯員の相対的貧困率は**48・1%**[※9]となっており、アメリカ[※10]（46・3%）、イギリス（23・2%）、フランス（25・9%）といった主要国におけるひとり親世帯の貧困率と比較してみても、日本のシングルマザー[※11]を取り巻く環境の厳しさがわかります。

離婚後のシングルマザーが貧困層になりやすい理由として、まず挙げられるのが**元夫による「養育費」の不払い問題**です。

離婚後に子どもを引き取る側の親を監護親、子どもを引き取らない側の親を

※8 母子世帯ではひとり親世帯になった理由のうち「離婚」が79・5%を占める。他は「死別」が8・0%、「未婚」が8・7%。参考：厚生労働省「ひとり親家庭の現状と支援施策について～その1～」〔https://www.mhlw.go.jp/content/11920000/000705274.pdf〕

※9 厚生労働省「各種世帯の所得等の状況」〔https://www.mhlw.go.jp/toukei/saikin/hw/k-tyosa/k-tyosa19/dl/03.pdf〕

※10 OECDが算出した2016年度のひとり親世帯の貧困率。OECD Family database "Child poverty"〔https://www.oecd.org/els/family/database.htm〕

※11 厳密には父子世帯にも相対的貧困層はいるが、ひとり親世帯のうち86%が母子世帯であることからこのように表現している。

非監護親と言いますが、監護親は非監護親に対して子育てに必要な生活費や教育費、医療費などを請求することができます。しかし、厚生労働省が発表した「平成28年度全国ひとり親世帯等調査結果報告」によると、**母子世帯で養育費を受け取っている割合はわずか24・3%しかいません。**[※12]つまり、約4人に3人のシングルマザーは養育費を受け取ることができていないのです。

養育費の不払いについては長らく「個人間の問題」として片づけられてしまっており、子どもを引き取った側の親による交渉と、子どもを引き取らなかった側の親のモラルに委ねられてきました。離婚した元夫が子育てに対する責任を負わず、養育費の不払い問題が蔓延してきたことがシングルマザー、さらにはその子どもの貧困にも直結してきたのです。[※13]

子育て中の女性の就労を奪う「システムの罠」

養育費の不払い以外にも、**シングルマザーの就業形態に「非正規雇用」が多**

※12 本章では統計的に件数が多い母子世帯に絞って解説しているが、父子世帯でも養育費を受け取っている家庭はわずか3・2%に過ぎない。元パートナーから養育費を受け取れていないこと自体は母子世帯・父子世帯ともに問題になっている。

※13 2019年の民事執行法改正によって、裁判所が相手方の財産を調査できる手続きが新設されたことから、以前より強制執行を使った養育費の回収がしやすくなった。近年になって養育費の不払い問題を取り巻く状況も変わりつつある。

いことも貧困の要因として挙げられます。

母子世帯と父子世帯で平均年収を比べてみると、[※14]母子世帯での母自身の収入は243万円、父子世帯での父自身の収入は420万円となっており、実に177万円もの収入格差があります。なぜ母子世帯と父子世帯の間ではこれほど収入に差が生まれるのか。[※15]その要因として、父子世帯では正規雇用で働いている父親も多い一方、母子世帯では非正規雇用の割合が高くなっていることが挙げられます。

[※14]厚生労働省によれば、母子世帯のうち就労している割合は81・8%ですが、そのうちパートやアルバイトが43・8%、派遣社員も含めると48・4%になり、**非正規雇用の割合が実に約半分を占めています。**

日本では結婚や出産後の女性は雇用機会が限られていることが近年問題視されています。父子世帯と母子世帯の収入格差を見るだけでも、日本におけるジェンダーギャップの問題が浮かび上がってくるのではないでしょうか。

シングルマザーで非正規雇用の割合が高くなっているのには、やはり出産が

※14 厚生労働省「ひとり親家庭の現状と支援施策について～その1～」(https://www.mhlw.go.jp/content/11920000/000705274.pdf)

※15 父子世帯で就業している人のうち、正規の職員・従業員は68・2%、自営業が18・2%、非正規雇用(パート・アルバイト・派遣社員等)が7・8%。一方の母子世帯で就業している人のうち、正規の職員・従業員は44・2%、自営業が3・4%、非正規雇用(パート・アルバイト・派遣社員等)が48・4%。参考：厚生労働省「ひとり親家庭の現状と支援施策について～その1～」

大きく関係しています。父子世帯の父親は、離婚前から正規雇用として働いていることが多い傾向にあります。一方、母子世帯の母親は、出産を機に退職を余儀なくされることがあり、結果として専業主婦やパートタイマーになるケースも多いからです。

また、シングルマザーが新たに正規雇用の仕事に就くため子どもを保育園に預けたくても、入園できる保育園が見つからないという「待機児童問題」もあります。**保育園では「仕事をしている人が優先」と言われ、仕事を探すと今度は「子どもを保育園に預けている人が優先」と言われるなど、たらい回しにされてしまうこともあるようです。**

正規雇用に比べると、非正規雇用には「柔軟な働き方ができる」という特徴があります。

正規雇用の場合は多くの企業で「1日8時間×週5日＝40時間」という勤務形態が基本となっていますが、非正規雇用の場合は1日当たりの労働時間が短かったり、時間を変則的にしたりすることも可能です。そのため非正規雇用には、子育てや家事に時間を割きやすくなるというメリットがあることも事実です。

しかし、正規雇用と比べると、非正規雇用では低賃金や不安定な雇用、さらには能力や待遇アップの機会に恵まれにくいという問題が生じます。国税庁の「平成30年分民間給与実態統計調査結果」で正規雇用と非正規雇用の賃金格差を見てみると、正規雇用の平均給与が５０４万円に対して非正規雇用は１７９万円となっており、賃金格差は実に３２５万円にもなるのです。

正規雇用には認められている賞与や手当、福利厚生などが非正規雇用にはほとんどないという企業もあり、**正規雇用の労働者と非正規雇用の労働者の間の不合理な待遇差**が長らく問題視されてきました。

この問題を解消していくため、近年は政府によって「同一労働同一賃金」[※16]という対応策も進められてはいます。しかし、[※17]中小企業１５０社に対して行われた調査では対応が完了している企業はわずか28％に留まるなど、まだ多くの課題が残されています。

※16 同一労働同一賃金とは、同一企業・団体における正規雇用労働者と非正規雇用労働者の間にある不合理な待遇差の解消を目指すもの。労働者がどのような雇用形態を選んでも納得が得られる待遇を受けられ、多様な働き方を自由に選べるようにすることが目指されている。
参考：厚生労働省「同一労働同一賃金特集ページ」（https://www.mhlw.go.jp/stf/seisakunitsuite/bunya/0000144972.html）

※17 エン・ジャパン株式会社が人事向け総合情報サイト「人事のミカタ」上で人事担当者に行ったアンケート。（https://corp.en-japan.com/newsrelease/2021/25338.html）

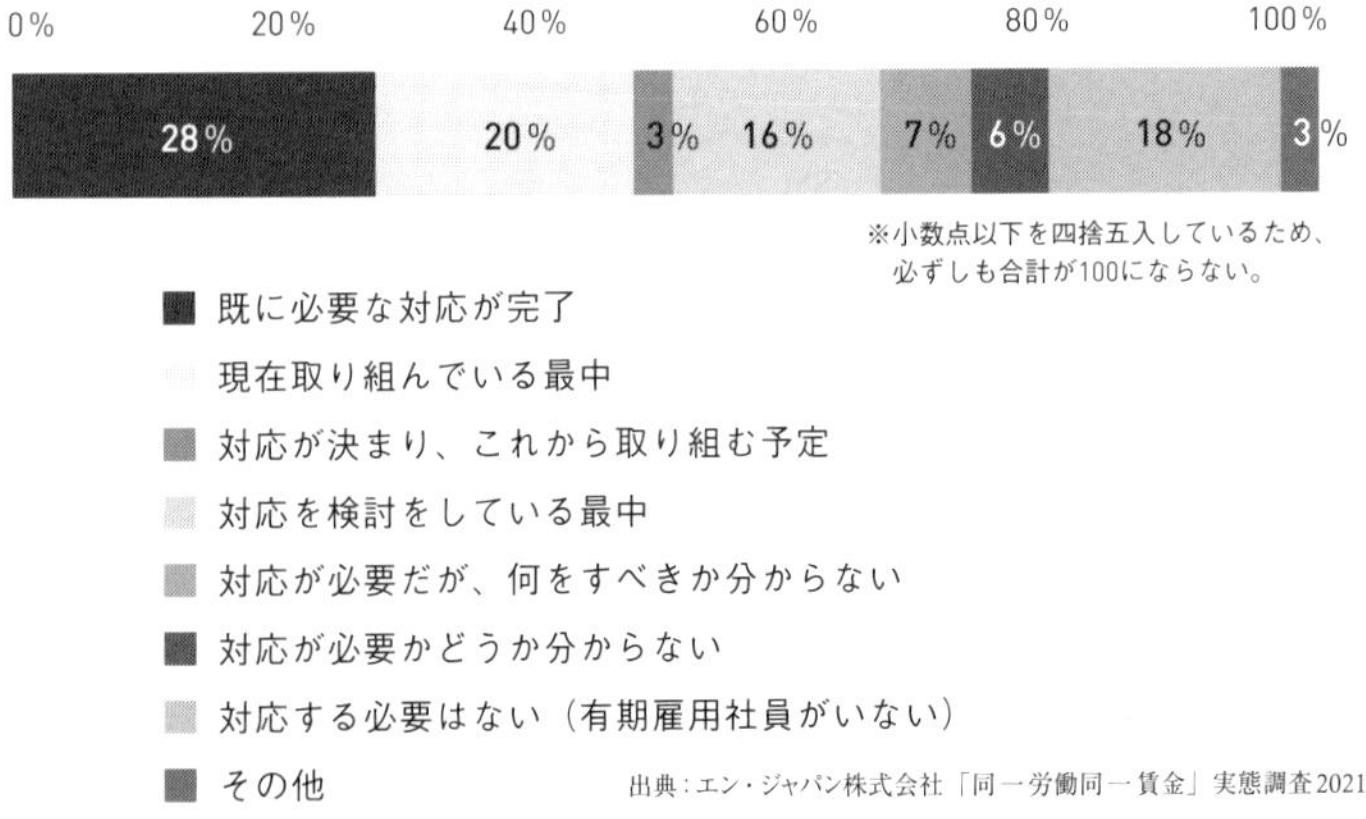

出典：エン・ジャパン株式会社「同一労働同一賃金」実態調査2021

図4 中小企業の「同一賃金同一労働」への取り組み

またシングルマザーには、日中は子どもの面倒を見やすいように数時間だけパートの仕事に就き、子どもを寝かしつけてから今度は夜の仕事に出かけるという人もいます。しかし、このような生活を長く続けていれば、当然ですが身体的に大きな負担がかかります。

元父親から養育費をもらえず、生活費を稼ぐためダブルワークを続けた女性が体調を壊してしまう。働けなくなって収入が途絶えたり、医療費がかかるようになったりした結果、相対的貧困に陥ってしまう。**そして一度でも貧困層になってしまうと、その状況から脱出するのが困難になってしまうのです。**

日本には生活保護制度が存在するため「経済的に苦しいなら生活保護に頼ればいいじゃないか」という意見もあるかもしれません。**しかし、現在の生活保護制度は「自ら貧困を抜け出そうとする人を阻害しかねない仕組みだ」と批判されることがあります。**[※18]

生活保護制度では最低生活費として定められている金額の「生活保護費」がありますが、給料などによる収入がある場合、その分だけ減額されることになっているからです。つまり、生活保護を支えにしながら仕事をしたくても、稼いだ分だけ支給される保護費が減らされてしまうため、これでは自らの意思で貧困を抜け出そうとする人の勤労意欲を奪いかねません。

このような制度的問題にも目を向けていく必要があります。

生活保護の不正受給はたったの「0・4％」

とはいえ、社会保障が機能していないアフリカの国と比べたら、それでも生

※18　落合陽一『2030年の世界地図帳　あたらしい経済とSDGs、未来への展望』（SBクリエイティブ）

活保護という最後のセーフティーネットがある日本は恵まれていると感じられるかもしれません。**しかし、現在の日本では、本来なら生活保護を受けるべき経済水準で生活している人のうち、5人に1人程度しかこの制度を利用できていないという実態があります。**

[※19]該当する人が生活保護という制度自体を知らないケースも多々ありますが、それを利用しにくくさせる社会の雰囲気も大きく影響しているでしょう。例えばメディアを通じて生活保護の「不正受給問題」が過剰なまでに叩かれてきたことが、制度自体に対する悪い印象を社会に植え付けてきました。

不正受給は「税金の無駄遣い」「楽して生きるな」などと世間の怒りを買いやすく、簡単に言えば視聴率やページビュー[※20]数に繋がりやすい題材です。過去には有名芸能人の母親が正規の手続きを踏んで生活保護を受給していたにもかかわらず、「不正に受け取っているのだろう」と憶測でバッシングされたこともありました。

このような生活保護バッシングがマスコミや一部の政治家によって煽られてきた結果、「生活保護=不正受給問題」というイメージすら社会に根付いてし

※19 一部ではあるが、生活保護制度を利用するため自治体の窓口に来た人に対し「健康なら働けますよね」などと問い質すことで追い返したり、他の自治体へたらい回しにしたりすることで申請しにくくする「水際作戦」も問題視されている。神奈川県小田原市の生活保護支援課が「保護なめんな」というローマ字が入ったジャンパーを制作し、職員が着用していたことが2017年に発覚して大きな問題になった。

※20 ウェブサイトで表示されたページの閲覧数。ページビュー数が増えるほど広告からの収益も増えやすくなる。

まったように思えます。

生活保護の不正受給というのは、それほど大きな問題になっているのでしょうか。データで確認してみましょう。

厚生労働省[※21]によれば、2018年度の不正受給件数は3万7287件、不正受給金額は140億3822万円となっています。「不正受給金額140億円」というのは、何ともインパクトのある数字です。ニュースの見出しとしてはピッタリでしょう。大問題のように感じられます。

しかし[※22]、人間という生き物には、何か大きな数字を目の前にした時「この数字はなんて大きいんだ！」と直観的に感じてしまう習性があります。何か大きな数字を見たら、その数字の第一印象だけに惑わされてしまうのではなく**「それは全体のうちどれくらいの割合を占めているのか？」「他に参考になるデータはあるか？」**という視点を持ってみてください。虫の目と鳥の目の出番です。

「不正受給件数3万7287件」「不正受給金額140億円」は、生活保護全

※21 厚生労働省「生活保護制度について」〔https://www.mhlw.go.jp/topics/2020/01/dl/9_shakaiengo-03.pdf〕

※22 本書執筆で参考にした『FACTFULNESS（ファクトフルネス）』（日経BP）では、このことについて第5章「過大視本能」（P161）にてより詳しく書かれている。

体のうちのどれくらいを占めているのでしょうか。割合を計算してみましょう。

厚生労働省[※23][※24]によると、2019年1月時点での生活保護世帯数は163万7610世帯、生活保護費負担金の総額は3兆8000億円（平成30年度当初予算）となっているため、全体のうちの割合で見ると不正受給件数は2・27%、不正受給金額は0・36%です。**逆に考えると、99・64%の金額はちゃんとした支出だったということです。**

他の年度も確認してみると、例えば2015年度[※25]の不正受給件数は2・7%、不正受給金額は0・45%となっています。近年の動向を確認しても生活保護[※26]不正受給は件数ベースで2%程度、金額ベースで0・4%程度で推移しており、大きな変化は見られません。

多額の税金を払っている側の人間からすれば、たとえ不正受給の金額が割合的には0・4%程度だとしても「許せない」と感じてしまうかもしれません。しかし、そういった[※27]不正受給の中には「高校生の子どものアルバイト料は申告する必要がないと思っていた」といった悪質とは呼べないケースなど、利用者のうっかりした申告ミスや担当者の説明不足が背景にあることも多々ありま

※23 厚生労働省「生活保護の被保護者調査（令和3年1月分概数）の結果を公表します」〔https://www.mhlw.go.jp/toukei/saikin/hw/hihogosya/m2021/dl/01-01.pdf〕

※24 厚生労働省「生活保護の現状、予算事業等について」〔https://www.mhlw.go.jp/topics/2018/01/dl/tp0115-s01-01-03.pdf〕

※25 ヨミドクター「貧困と生活保護（46） 生活保護の不正受給率はごくわずか 未然に防げるものが多い」（2017年2月3日）〔https://yomidr.yomiuri.co.jp/article/20170202-OYTET50054/〕

※26 日本弁護士連合会「今、ニッポンの生活保護制度はどうなっているの？」〔https://www.nichibenren.or.jp/library/ja/publication/booklet/data/seikatsuhogo_qa-140428.pdf〕

※27 田川英信「小田原市『保護なめんな』ジャンパー問題の検証」（自治体問題研究所）〔https://www.jichiken.jp/article/

す。

悪質性が高いとして刑事告発されたのは159件[※25]（2015年度）と、メディアでバッシングされているような悪質な不正受給というのは、実はそれほど多くありません。**一部[※28]の意図的な不正受給に惑わされるのではなく、虫の目を持ってデータを細かく確認し、鳥の目を持って全体のうちの割合を見てみると、生活保護不正受給の問題に対する見方も変わってくるのではないでしょうか。**

なぜ700万人もが生活保護を受けられていないのか

一方、厚生労働省によると生活保護の捕捉率（所得が生活保護の基準を下回る世帯のうち保護を利用している世帯の割合）は2018年で22・9％に留まっており、**本来生活保護を受けるべき人の5人に1人程度しかこの制度を利用できていません。**[※29]現在の生活保護受給者数は約207万人（世帯数は約163万世帯）のため、単純に計算しても、生活保護を必要とするレベルの生活をしている人たちがさらに700万人程度いることが推定されます。

0049/)

※28 近年は「生活保護でパチンコをやるのはおかしい」と批判が向けられることも多い。厚生労働省の調査によれば、パチンコや競馬などに生活保護費を使いすぎているとして、全国の自治体が指導や助言を行ったのは3100件（2016年度）。国が行った初の調査であり、指導や助言の内容も様々であることから実態のすべてを反映しているわけではないが、生活保護受給者総数が約214万人（2017年1月分）であることを考えると、割合としては非常に少ないことがわかる。

ただし、生活保護法では「収入、支出その他生計の状況を適切に把握するとともに支出の節約を図り、その他生活の維持及び向上に努めなければならない」と定められている。生活保護法ではパチンコ等の遊興を禁じる直接の規定は明記されていないが、指導を受けた生活保護受給者

生活保護は憲法25条が保障する「健康で文化的な最低限度の生活を営む権利」を具体的に実現したものです。それにもかかわらず、数百万人がそこから漏れているという事実は、不正受給以上に深刻な社会問題と言えるのではないでしょうか。

誤解のないように言っておくと、不正受給が問題であることは間違いありません。どんなことでも不正はできる限り減らしていくべきですし、悪質なものは厳しく取り締まる必要があります。

しかし、全体の割合から見るとごく一部である不正受給を過剰に叩いてきたことで、まるで不正受給が横行しているかのように見えてしまい、生活保護という制度自体に対する悪い印象が社会に根付いてしまいました。結果として、生活保護を本当に必要とする人が「生活保護を受けると叩かれてしまうかも」「世間から冷たい視線を向けられるのではないか」「できることなら生活保護は受けたくない」と感じてしまい、生活保護受給から漏れてしまう問題が起きているのです。

そういった背景のもと行き着く最悪の結末が、近年の日本でも耳にするよう

の中には「ギャンブル依存症」の疑いがある人もいることが指摘されている。生活保護受給者が自立した生活を送れるようになるための指導やサポート、さらには「ギャンブル依存症」への政治的な取り組みが必要だと言えるだろう。
参考：朝日新聞デジタル「ギャンブルで『使いすぎ』生活保護受給者に指導3千件」（https://www.asahi.com/articles/ASL1S51FNL1SUTFK017.html）

※29 高齢者世帯89万7018世帯、母子世帯8万1800世帯、障害者・傷病者世帯計40万7045世帯、その他の世帯24万3223世帯。
参考：独立行政法人 労働政策研究・研修機構「最近の統計調査結果から2019年10月」（https://www.jil.go.jp/kokunai/statistics/saikin/2019/201910.html）

になった「孤独死」ではないでしょうか。

どんな人にだって、ある日突然病気や事故で働けなくなり、収入が途絶えて生活に困窮する可能性はあります。それは本人だけではなく、身近な家族や友人にも言えることでしょう。

私自身は過去に適応障害を患い、半年ほど仕事を休んだ時期がありました。当時は学生起業してバリバリ働き、アフリカの過酷な現場で支援活動にも携わっていましたが、過度な疲労やプレッシャーから体調を壊してしまいました。当時を振り返ると「まさか自分が心の病になるなんて……」と、悔しくなったことを覚えています。

幸いなことに、私は家族や友人が支えてくれたため、健康を取り戻すことができました。医療保険制度の有難さを実感した一方で、学んだこともあります。それは**「いつ自分が困難な状況に置かれるかわからない」**ということです。

それにもかかわらず、過剰なまでの「生活保護バッシング」が行われ、生活に困窮した人が制度を利用しにくくなってしまえば、それはいつか自分の首を自分で絞めてしまうことになるかもしれないと考えることはできないでしょうか。

もちろん読者の中には「自分は生活保護バッシングなんてしたことない」という方も多いでしょう。**しかし、そういったバッシングが横行する世の中を許してきてしまったのは、社会を構成している私たち一人ひとりです。**

仮に自分が困窮する立場には絶対にならないとしても、生活の苦しさから犯罪に手を染めるしかない状況まで追い込まれてしまう人が増えたり、自ら命を絶ってしまう人が増えたりする社会は、大変生き辛いものです。

全体から見ればわずか0・4％の不正受給の問題と、数百万人が生活保護から漏れてしまっている問題、どちらが社会問題として深刻なのか私たちは考えなければいけません。

生まれた環境でスタートラインが違う子どもたち

日本の相対的貧困を考える上で、もう一つ見ておきたい問題があります。それが**「貧困の再生産」、つまり自分の親が貧困層だと、その子どもにも貧困が受け継がれてしまう問題**です。「格差の固定」と呼ぶこともできます。

日本では17歳以下の子どもの貧困率は13・5%となっており[※30]、およそ7人に1人の子どもが相対的貧困にあると考えられています。子どもの貧困はシングルマザーの貧困とも密接に関係していますが、**その大きな理由は親の収入が少ないことにより、子どもが十分な教育機会を得られないからです。**

相対的貧困層の世帯では、日々の生活で精一杯なことも多く、教育にあまりお金を支出することができません。

特に格差が表出するのが受験です。塾に通って勉強をしたり、教材を購入して勉強したりするためには、当たり前ですがお金が必要になります。親がフルタイムで働き、収入も安定している世帯なら問題なくお金を出せるかもしれませんが、貧困層のひとり親世帯では難しい。

大学進学したくても私立なら学費が年間100万円程度かかりますし、学費

※30 厚生労働省「各種世帯の所得等の状況」(https://www.mhlw.go.jp/toukei/saikin/hw/k-tyosa/k-tyosa19/dl/03.pdf)

を抑えるため国立に進もうとすれば、今度は競争が激しくなります。そういった受験競争を勝ち抜きやすいのは、親がお金を持っていて、塾や予備校に通わせてくれたり、たくさんの教材を購入したりできる家の子どもたちです。

日本学生支援機構が発表した[※31]「令和2年度学生生活調査」によると、大学生がいる家庭の平均世帯年収は私立大学で838万円、国立大学で856万円となっています。**結局のところ、家にお金があれば進学しやすく、家にお金がなければ進学の難易度も上がります。**

[※32]高校生の進路決定に世帯年収が大きく関係していることは、様々な研究で示されています。

図5は両親年収別の高校卒業後の進路を表したものです。このグラフからもわかるように、**大学への進学率は世帯年収に比例して上昇していますが、それとは対照的に専門学校への進学や就職は下降しています。**

また、学歴と賃金には相関関係があることも示されています。

[※33]厚生労働省が「令和2年賃金構造基本統計調査」にて公表した学歴別の[※34]賃金

※31 独立行政法人 日本学生支援機構「令和2年度学生生活調査集計表 大学昼間部（速報値）」〔https://www.jasso.go.jp/statistics/gakusei_chosa/_icsFiles/afieldfile/2021/09/24/data20sokuhou.pdf〕

※32 内閣府「日本の子供の貧困に関する先行研究の収集・評価」〔https://www8.cao.go.jp/kodomonohinkon/chousa/h28_kaihatsu/3_02_2_5.html〕

※33 厚生労働省「令和2年賃金構造基本統計調査」〔https://www.mhlw.go.jp/toukei/itiran/roudou/chingin/kouzou/z2020/dl/03.pdf〕なお、単位は元の資料からそのまま引用。

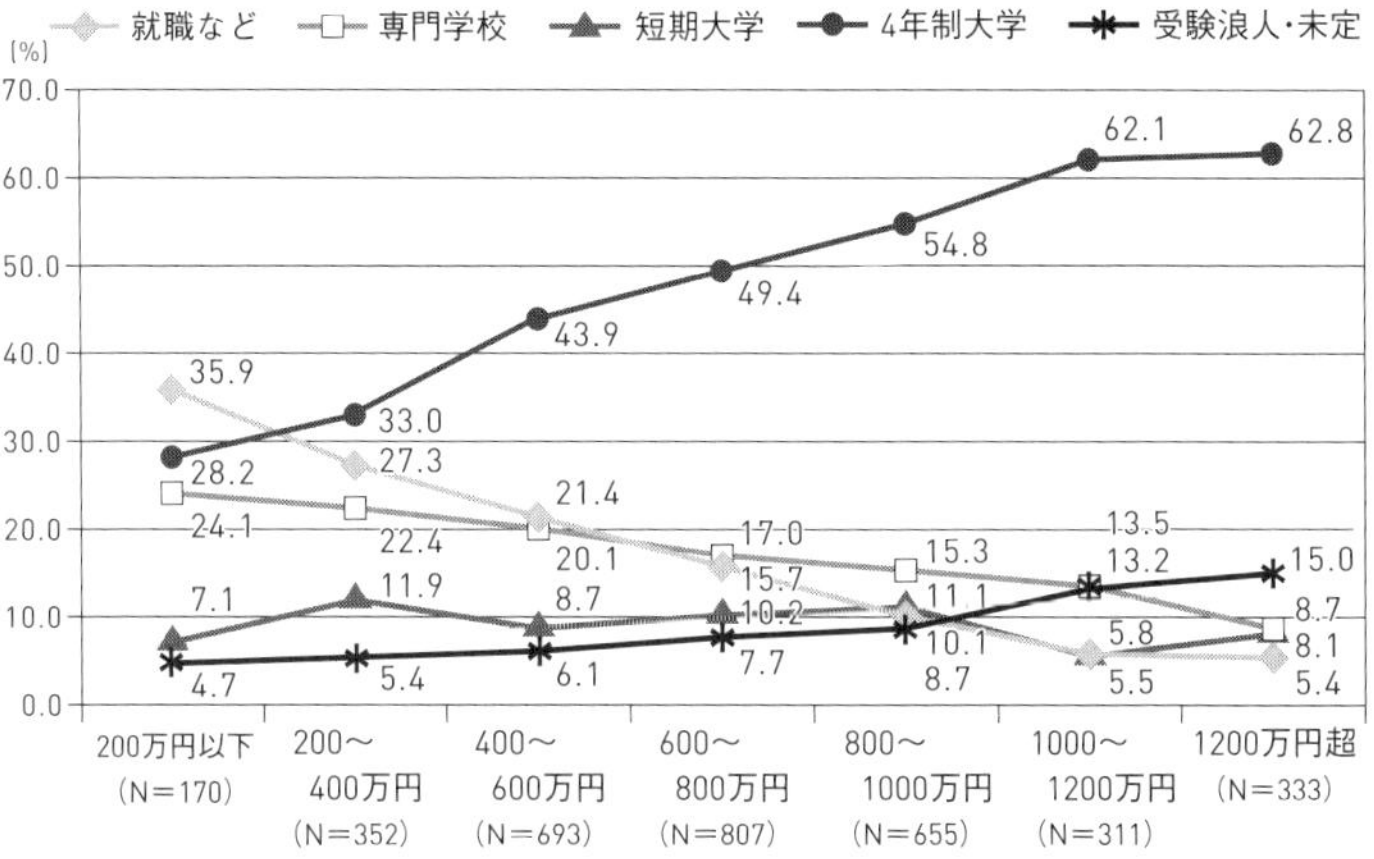

出典：東京大学大学院教育学研究科 大学経営・政策研究センター（2007）P.3

図5 両親年収別の高校卒業後の進路

を見ると、男性は大学院卒が465・2千円、大学卒が391・9千円、高専・短大卒が345・5千円、専門学校卒が309・3千円、高校卒が295・0千円。また、女性は大学院卒が404・3千円、大学卒が288・3千円、高専・短大卒は258・0千円、専門学校卒が263・4千円、高校卒が218・0千円となっています。

　昨今のSNSでは「学歴なんて関係ない」「大学なんて行っても意味がない」といった主張を目にする機会も増えたように感じま

※34 「令和2年賃金構造基本統計調査 結果の概況」で用いている「賃金」は6月分の所定内給与額をいう。また、「所定内給与額」とは、労働契約等であらかじめ定められている支給条件、算定方法により6月分として支給された現金給与額（きまって支給する現金給与額）のうち、超過労働給与額（①時間外勤務手当、②深夜勤務手当、③休日出勤手当、④宿日直手当、⑤交替手当として支給される給与をいう）を差し引いた額で、所得税等を控除する前の額をいう。

厚生労働省「令和2年賃金構造基本統計調査　結果の概況：主な用語の定義」より引用、一部加筆。（https://www.mhlw.go.jp/toukei/itiran/roudou/chingin/kouzou/z2020/yougo.html）

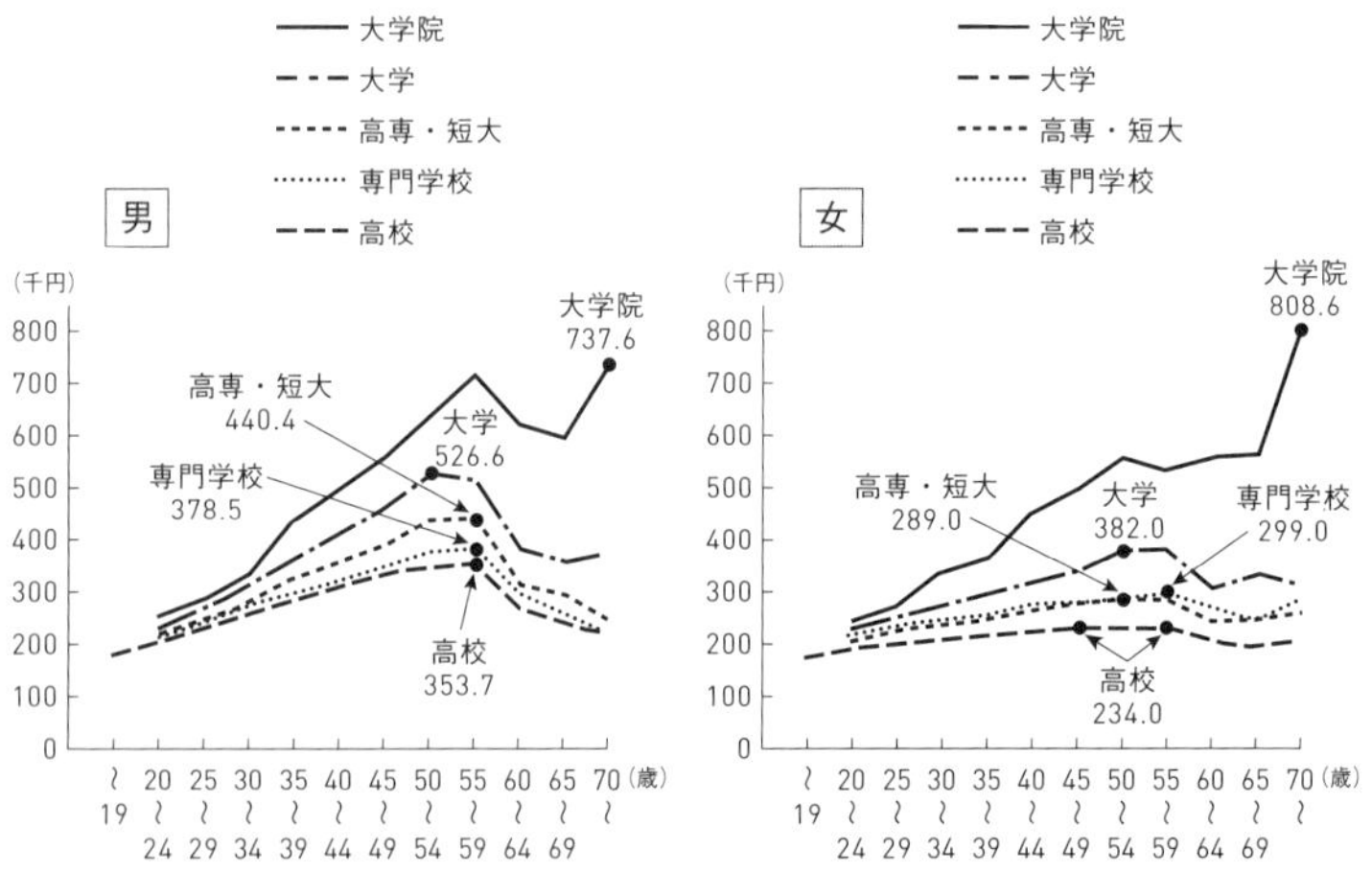

図6 学歴、性、年齢階級別賃金　出典：厚生労働省令和2年賃金構造基本統計調査結果の概要

す。しかし、**残念ながら全体的なデータで見ると学歴と収入には相関関係があるのです。**ネットで見かける一部の特殊な事例に影響を受け過ぎるのではなく、虫の目と鳥の目を持って、冷静に物事を見る大切さがわかります。

ここまでの話をまとめると、親の年収が高ければ良い教育を受けられ、賃金の高い仕事にも就きやすくなるので年収も高くなる。親の年収が低ければ教育機会に恵まれず、雇用機会が限られてしまい年収も低くなる。そして新たに子どもができた時、また同じことが繰り返される。**このようにして、富裕も貧困も親から子へと連鎖していくのです。**

大前提として、子どもは生まれてくる環境を自らの意思で選ぶことはできません。格差が世代を超えて固定されているということは、**「生まれた環境でスタートラインが異なる」**ことを意味します。

例えば徒競走をやる場合を思い浮かべてください。恵まれた家庭に生まれた子どもは一流コーチからレッスンを受けたり、数万円するようなランニングシューズを履いている一方、貧困層の子どもはそのような機会に恵まれていません。もっと言えば、恵まれた子どもは数歩前に進んだ場所に立ち、恵まれない子どもは数歩後ろに下がった場所に立っている。

そのような様々なハンデがあるにもかかわらず、現代社会ではテストや受験といった様々な〝徒競走〟を子どもたちは走らされています。この状況で競争すれば、少なくとも「どちらが勝ちやすいか」は目に見えているはずです。

「努力すれば報われる」という楽観的な呪い

「貧しい家に生まれながらも、必死に努力して成功した人もいる」という意見もあるでしょう。貧困というハンデを押しのけて社会的成功を収めた人の自伝本はベストセラーになり、多くの人々に勇気と感動をもたらしてくれます。

しかし、ハッキリ言えばそういったサクセスストーリーは、全体で見ればごく一部に過ぎないはずです。数千人、いや数万人に一人の逸材かもしれませんし、表では語られていないだけで、脚色のため「運が良かった」という側面は隠れているかもしれません。

誤解のないように言っておくと、成功者の体験談を取り上げること自体が悪いというわけではありません。努力することの素晴らしさを教えてくれるという意味では価値あることです。

その一方、こうしたサクセスストーリーが過大に取り上げられることで「努力すれば報われる」という社会通念が強くなっていくことは、諸刃の剣[※35]だと私は考えています。**なぜなら「努力すれば報われる」は、「成功したのは努力のおかげ」「失敗したのは努力不足のせい」という自己責任論と表裏一体にあり、人々の目を「生まれた環境」という前提条件の違いから逸らさせてしまうリスクがあるからです。**

特に学力に対しては「努力すれば報われる＝勉強すれば伸びる」という考えが強く影響しているように感じます。

私自身も中学生や高校生の頃は「学力は本人の努力量に比例して伸びていく」「成績上位の人間はとてつもなく努力しているのだ」と、当たり前のように信じ込んでいました。もちろん本人ができる限りの努力をすることは大事なことです。「努力なんて関係ない。すべては生まれた環境で決まる」といった運命論を唱えるつもりは全くありません。

しかし、ここまで見てきたように本人が努力できるかどうか、いや努力をしやすい環境にあるかどうかは、生まれた家庭環境にも大きく左右されます。親

※35　一方では非常に役に立つが、他方では大きな害を与える危険もあるもののたとえ。

が裕福で子どもの教育にはお金を出し惜しみしない家庭と、家計を支えるため子どもがアルバイトをしなければいけない家庭では、どう考えても後者より前者の方が努力（勉強）しやすいはずです。

こういった生まれた環境に伴う学力の格差は、今の社会の仕組み上、世代を経るとより強く固定化されていくと考えられています。**なぜなら現代社会では、受験や就職において学力（また学力によって得られた学歴）が人々を評価・選別する指標となっており、結果として自分が社会で出会いやすい人も、同じレベルの学力を持つ人になる傾向があるからです。**

学力の高い人は学力の高い人と出会いやすく、収入も高くなる。学力の低い人は学力の低い人と出会いやすく、収入も低くなる。そして人々が結婚し、新たに子どもが生まれてくれば、教育に支出できる金額の差や家庭環境のあり方、さらには親から受け継がれる遺伝的な要素によっても、学力の格差はより強固なものになってしまいがちなのです。

こういった様々な前提条件の違いがあるにもかかわらず、稀有なサクセスストーリーを取り上げて「努力すれば報われる」という社会通念が強くなれば、富裕層の子どもたちには「運よく恵まれた環境にもあった」という気持ちを忘れさせてしまい、貧困層の子どもたちには「自分には努力が足りなかったのだ」と必要以上の劣等感を植え付けてしまいかねません。

「努力すれば報われる」という考え方は、人々の間に大きな分断をもたらすリスクがあるのです。そうして行き着いた先の社会で、私たちは「勝ち組」や「負け組」といった言葉を耳にするようになってきたのではないでしょうか。

「親ガチャ」という言葉がにわかに注目されています。どんな親のもとに生まれてくるかは、まるでガチャガチャ[※36]のように運任せでしかない。**しかし、どんな親のもとに生まれるかによって、人生が大きく左右されてしまう。**そんなことを意味する言葉ですが、「自分がまさにそうだった」という賛同から「本人の努力不足だ。親のせいにするな」といった批判まで、ネットを中心に賛否が分かれているようです。

※36　カプセル式自動販売機。お金を入れてレバーを回すと商品がランダムに出てくる。自分では商品を選べないため、良い商品か悪い商品かは運に左右される。

「生まれた環境で人生が大きく左右される。**だから、いくら努力したところで意味がない**」と、個人が自らの将来を悲観するために親ガチャという言葉を使うなら、私は否定的です。厳しいように聞こえるかもしれませんが、この世に生まれてき(てしまっ)た以上、そして自分の人生は自分以外の誰も生きてくれない以上、将来を諦観するだけでは何も状況が好転しないからです。個人という視点から言えば「これからどうすれば良くなるか?」を考えるしかありません。

しかし「生まれた環境で人生が大きく左右される。**だから、どうすればもっと公正な社会になるか? どうすれば誰も取り残さない社会を実現できるか?**」という意味でなら、「親ガチャ」という言葉について広く議論することは意義があると思います。それによって社会全体が、「努力すれば報われる」という考えの弊害に気づけるようになるからです。

日本の貧困は「アフリカよりまだマシ」なのか

本章では、相対的貧困の当事者としてシングルマザーや子どもを取り巻く環境を見てきました。それではここで、本書全体を通じて海外の貧困問題にも目を向けてきた読者の皆様に、ぜひ考えてみてほしいことがあります。

日本の相対的貧困は、アフリカの絶対的貧困に比べたら「まだマシ」と感じられますか？

前述したように、現在の日本では「貧困バッシング」が度々見られ、そういった場面では「日本の貧困層は甘えている。アフリカと比べたらマシ」という批判が飛び出してきます。戦争も起きておらず、社会保障のおかげで最低限の生活は約束されているのだから、日本に生まれただけでマシだろう。

そのような「日本に生まれただけマシ論法」を主張する人の多くが、格差は本人の努力次第で解決できるものと考えており、そして貧困に陥ることを自己責任とみなしているように思えます。

また、貧困問題に興味を持たれている方なら、日本とアフリカの両方に目を向けて「どちらが深刻なのだろう？」と疑問に思われたことが一度はあるかもしれません。

正直なことを言えば、知識も経験も浅はかだった学生時代の私は「日本とアフリカの貧困を比較すれば、**客観的事実としてアフリカのほうが深刻だ。だから私はアフリカに行く**」と考えていた時期もありました。たしかに国の開発度合いを包括的に測る「人間開発指数」といった客観的データ[※37]に則れば日本は189か国中19位であり、他のどのアフリカ諸国よりも上位に位置しています。こういったことからも、やはり日本で問題になっている相対的貧困は、衣食住すらままならないアフリカの絶対的貧困よりは「まだマシ」と言えるでしょうか。

もう一度両者の貧困の定義を整理してみましょう。日本の貧困線は年収127万円なので、月収に換算すれば約10万円です。日本の一般的な家庭と比べれば月収10万円は非常に少なく、特に物価の高い都心部なら生活が苦しいことは想像に難くありません。

しかし、私がアフリカで出会った難民の方は月収わずか500円でした。念

※37 United Nations Development Programme, Latest Human Development Index Ranking〔http://hdr.undp.org/en/content/latest-human-development-index-ranking〕

のため補足しておくと、日収ではなく月収です。もちろんアフリカと日本の間では物価や所得水準の違いがありますが、難民の人たちには安心して暮らせる住居すらなく、紛争のせいで母国に帰れないことも考えると、やはり日本の貧困はアフリカに比べると「まだマシ」でしょうか。

この問いに明確な答えなどありませんし、アフリカにも日本にも様々な状態の貧困が存在するため、両者を単純に比較することはできません。

そもそも論として「アフリカと日本を比較すること自体が間違っている」『下の人よりマシ』と比較したところで、何の問題解決にもならない」といった意見があるでしょう。「日本の貧困について語る時、アフリカなんて関係ない。目の前にいる人の苦しみをどうするかが一番の問題だ」と言ってしまえば、それで終わりの話です。

私もこういった意見に賛同しますが、その一方でアフリカにも日本にも目を向けているからこそ、こんな考え方も湧いてきます。

アフリカの絶対的貧困と〝あえて〟比較してみることで、相対的貧困の本質

的な問題にも気づきやすくなるのではないか。

本書全体の締めくくりとして、アフリカとの比較の上で現在の日本社会、そして私たち日本人が抱えている問題を考えてみましょう。

「みんなの当たり前」ができないほど残酷なことはない

アフリカと比較することでわかる日本の貧困の問題に、**みんなの「当たり前」ができない残酷さ**があると私は考えています。

例えば「経済的な事情から高校進学を諦める子ども」について考えてみましょう。おそらく、本書を読んでいる人の多くは高校を卒業していると思います。なぜなら現在の日本の高校進学率[※38]は**97%**を超えているからです。

私自身は運よく恵まれた家庭に生まれ、私立の中高一貫校に通わせてもらっていたこともあり、正直に言えば中学3年生当時は「高校に進むのは当たり前

※38 文部科学省「高等学校教育」〔https://www.mext.go.jp/a_menu/shotou/kaikaku/main8_a2.htm〕

前」と考えていました。

しかし、これは逆に考えると、33人いれば1人は高校に進学していない状況も意味しています。

もちろん本人の意思で進学しない場合もありますが、相対的貧困の子どもの場合、経済的事情から進学を諦めなければならないかもしれません。高校に通うためには授業料のみならず、教材費や制服代、さらには通学にかかる交通費も必要です。無償化制度もあるとはいえ、所得の低い世帯では授業料以外の費用が大きな負担になります。

また、特にひとり親世帯の子どもの場合、家計を支えるため中学卒業と同時にアルバイトを始めなければならないかもしれません。

ここであえて偏屈に考えてみれば「アフリカの貧困層に比べたら、中学まで卒業できて、かつバイトで収入も得られる日本の子どもは『まだマシ』じゃないか」という意見もあるかもしれません。**しかし、「周りのみんなが当たり前のように享受している生活を自分一人だけ諦めなくてはならない」という社会**

に生かされることは、特に多感な時期を過ごす子どもにとって、それはそれで非常に残酷なことだと私は思います。

〝みんなの「当たり前」ができない残酷さ〟について、アフリカの貧困と比較することで、もう少し深く考えてみましょう。

アフリカの貧困層は貧しい家族同士が一緒になり、コミュニティを形成して生活していることも多いため、自分の周りには同じような経済レベルの家族ばかりが生活しています。

私もウガンダの農村部に滞在している時は地元の子どもたちとよく遊んでいましたが、言ってしまえば**みんな等しく貧しい**のです。その中にはボロボロの服を着ていたり、裸足だったりと、たしかに衣食住すらままならない状態の子どももいました。**しかし、そういったコミュニティではみんな似たり寄ったりな生活をしており、みんなで知恵を絞って遊びを考えたり、みんなで水汲みの仕事をしていたりしました。**

学校に行けない子どもたちも一定数いましたが、そういった子どもたちは同じ境遇の子ども同士で一緒に過ごしたり、地域住民やNGOが運営する非公式の学校（青空学校等）で簡易的な勉強をしたりしていました。**みんな貧しいけれど、そこに「行き過ぎた格差」は存在しなかったのです。**よく「アフリカの子どもたちは貧しいのにみんな幸せそうだ」などと言われることがありますが、こういった彼らが暮らす周囲の環境も影響しているのではないでしょうか。

ちなみにこの話を年配の方にしたところ、「昔の日本もそんな感じだったよ。**あの頃は貧しくて大変だったけど、みんな同じような生活をしていたから気にならなかった**」と伝えられました。

もちろんウガンダも国全体に目を向ければ、都市部には富裕層の子どもたちが通う私立学校やインターナショナルスクールもあります。しかし、このような学校は学費が非常に高く、実際にはエリート層出身の子どもしか通いません。

富裕層と貧困層の間でハッキリと、そして極端すぎるまでの経済格差があることは、たしかに残酷なことかもしれません。しかし、貧困層の子どもたちは自分が生活する村の公立学校、もしくは支援団体が運営するような非公式学校に通います。そこにいる子どもたちは、家に帰ればみんな似たような経済レベルの生活をしています。農村部に暮らす子どもたちが富裕層の子どもたちと接する機会はほとんどありませんし、幼い頃から格差を痛感させられる場面も少ないです。

その一方、現在の日本はどうでしょうか。中間層以上の家庭出身の子どもが大多数を占めるような公立学校では、貧困層の子どもはその中で一緒に生活を送らなければなりません。

周りの友達はみんな「当たり前」に部活に所属しているのに、自分だけ必要な道具を購入できず部活に入れないかもしれません。周りの友達はみんな「当たり前」にＬＩＮＥで連絡を取り合っているのに、自分だけスマートフォンを買えず話題に付いていくことができないかもしれません。周りの友達はみんな「当たり前」に進学準備をしているのに、自分だけ家計を支えるためアルバイトを探さなければならないかもしれません。

大人になれば、人目を忍んで生きることもできるでしょう。しかし、特に子どもは学校や交友関係の中で嫌というほど格差を痛感させられます。**「周りのみんなが当たり前のように手にしている生活を、自分一人だけ諦めなくてはならない」ことは、本人に強い劣等感を植え付けるはずです。**そしてまた、自分の子どもに「当たり前」を与えてあげられない親としての苦しみも、想像に難くありません。

日本の貧困層は、アフリカのように栄養失調や治療可能な病気で命を落とすリスクは少ないだろうと思うかもしれません。**しかし、たとえ死なないからといって、決してそこに苦痛が存在しないわけではないのです。**

誰もが「貧困を押しのけて逆転人生を掴んでやろう」と奮起できるわけでもありません。みんなの「当たり前」ができない社会で〝生き続けなければいけない〟というのは、衣食住が満たされない絶対的貧困とは、質的に異なる別の苦しみがあるのではないでしょうか。

「人との関係性がない」というのも貧困である

経済的な尺度のみで考えれば、アフリカの絶対的貧困が日本の相対的貧困よりも深刻であることは間違いありません。しかし、たとえお金がなかったとしても、周囲の人たちと豊かな関係性を築くことができていれば、助け合いながら生きていくことができます。

逆に言えば、周囲との繋がりが希薄で、社会の中で孤立した状態に置かれれば、本当に困ってしまった時に誰にも「助けて」と言うことができません。**貧困を捉える時には、当事者が周囲とどのような関係性を築いているのかにも注目する必要があります。**

私が活動していたウガンダの農村部では、たしかにみんなお金がなく、貧しい生活をしていましたが、彼らは同じ貧困層同士でコミュニティを築き、その中で支え合いながら生きているように感じます。住民同士の関係性は強く、お金を出し合って一緒に食材を購入したり、物を貸し借りしたりしていました。

また、外に出かける時は自分の子どもをよその家に預け、一人のお母さんがまとめて子どもたちの面倒を見ることもあります。複数の女の子たちが代わる代わる赤ちゃんの世話をする、そんな光景も目にしてきました。地域のみんなで子育てをしているイメージでしょうか。

こういった話は農村部に限られるわけではなく、都市部の貧困層にも当てはまる話です。

例えばウガンダの首都カンパラは経済成長が著しく、高層ビルが立ち並ぶエリアもある一方で、路上生活者やスラム[※39]に暮らす貧困層もいます。彼らの多くは農村部から出稼ぎのような形で都市部にやってきていますが、その生活ぶりを聞いてみると、同じ出身地域の者同士でまとまって暮らしていることが多いです。

ウガンダには多種多様な民族が暮らしており、言語も異なることから出身が同じ人でないと関係性を築きにくいという文化的背景もあります。その一方で、**コミュニティを作ることは貧困層の人たちが生きるための手段にもなって**

※39 都市部において、貧困層の人たちが密集して暮らす地域。貧民街。

いるのです。もちろん生活が大変であることは間違いありません。しかし、そこでも人と人との繋がりが強く、助け合いの精神が働いています。

かつて[※40]の日本にも「血縁・地縁・社縁」[※41]と呼ばれる人々の繋がりはありました。しかし、特に高度経済成長期以降は都市化や産業化に伴って核家族[※42]や単身世帯が増え、周辺住民との関係性が希薄になることで血縁や地縁は失われてきました。さらに近年は就業形態として非正規雇用が増えてきたこともあり、「社縁」すらも希薄化してきていると言われています。

良いか悪いかは別にして、例えば買い物や仕事で外に出かける時、隣人に子守をお願いできるような人は、今の日本には非常に少ないはずです。特に都心のマンションやアパートに暮らす人なら、隣に住む人の名前や家族構成すら知らない人も少なくないのではないでしょうか。「防犯」や「個人情報保護」のため表札を出さない家も多いからです。私自身もアパート生活をしていますが、隣人と挨拶程度はするとしても、長々と会話することはまずありません。

しかし、こうして人々の繋がりが希薄になっている社会では、どこかの家の

※40 関西学院大学リポジトリ「人の繋がりが生活満足度に与える影響」[https://core.ac.uk/download/pdf/159440642.pdf]

※41 血縁：親や兄弟姉妹など、血縁者の間で結ばれる縁、繋がり。
地縁：住む地域の周辺住民との間で相互扶助などを通じて形成される縁、繋がり。
社縁：就職に伴って会社などの組織の中で形成される縁、繋がり。

※42 夫婦とその未婚の子どもで構成される家族。夫婦のみの世帯やひとり親世帯なども含まれる。特に高度経済成長期以降、都市化に伴って3世代同居などの大家族が減少し、核家族化が進んだと言われる。

中で家庭内暴力や育児放棄、虐待等が起きていたとしても、周囲の人間がすぐに気づくことは困難です。

また、生活が困窮していたとしても、当事者が周りの人に相談をしたり、支援を求めたりすることも難しいでしょう。たしかに生活保護という制度はあるため、行政のサポートを受けることで最低限の衣食住は満たされるかもしれません。しかし、前にも見たように生活保護の利用を恥とするような風潮がある今の日本では、逆にそれが貧困層の孤立化に繋がってしまう側面もあるように感じます。

繋がりが希薄化する社会で生きるには

人々の繋がりが希薄化しているという現代日本の特徴について、ウガンダの友人に話していた時のことです。私が「東京だと、隣に住んでいる人と会話することも少ないんだよ」と教えてあげると、彼女から真顔でこんな質問をされました。

「じゃあ、例えば夕飯を作っている途中で塩が切れたらどうするの？　誰から借りるの？」

私はこの質問をされた時、一瞬返答に困ってしまいました。日本の都会で暮らしていて「誰かから塩を借りる」という状況なんて、一度も想定したことがなかったからです。

今の時代、都心なら徒歩圏内に24時間営業のコンビニがあったり、地方でも車を10分程度走らせれば、コンビニやスーパーの一軒くらいあるでしょう。わざわざ隣人宅を訪問して塩を借りる必要などありません。塩くらい、自分で買ってくれれば済む話です。

しかし、ずっとウガンダで生きてきた彼女としては、隣人とちょっとした物の貸し借りをすることは当然だったからこそ、「塩くらい買えば済む」という私の答えは不思議に感じたようでした。

そんなウガンダでのエピソードを今こうして振り返っていると、日本とアフリカの両方で暮らしてきた私の頭には、こんな考えが浮かんでしまいます。

日本でも「塩を貸してくれる？」と隣人に頼める、そんな社会になったら少しだけ生きやすくなるんじゃないだろうか。

「いや、むしろ息苦しくなるだろ（笑）」と感じる人もいるかもしれません。下手に他人から干渉されず、一人で過ごしたい人も多いかと思います。どちらかと言えば、私もそんな人間です。夕飯時の忙しい時間帯に「塩を貸して」と隣人が尋ねてきたら、面倒に感じる人もいるでしょう。以前私がこういった話をしていたら「日本の田舎にはまだそういった生活が残っている地域もあるけど、それはそれで大変なもんだよ」と指摘を受けたこともありました。

しかし、私がここでお伝えしたいのは、何も「普段から互いの生活に干渉し合って生きていく」という話ではありません。そうではなく、**何か困った時には頼ることができる、そんな多様な〝依存先〟を持っておくことが大切ではな**

いか、ということです。

日本では「自立」と「独立」が同じような意味合いで使われています。例えば親が子どもに自立してほしいと考える時、そこには「子どもが親元から離れて一人で生きていく」という意味が込められています。自立が「他への依存から離れて独り立ちすること」として考えられているのです。

しかし、本当の意味での自立とは、**「多様な依存先を持つことで、自分らしく生きていくこと」**を言うのではないでしょうか。

なぜ多様な依存先を持つことと、自分らしく生きることが並ぶのか。それは「多様な依存先」を「社会との繋がり」に置き換えてみればわかります。

人間という生き物は、社会の中でしか生きられません。**「一人」では生きられても、「独り」では生きることができないのです。**

もし依存先、つまり社会との繋がりが一つしかない状態で、それすらも失われてしまったとしたら、その人は真の孤立状態に置かれます。社会との繋がりをすべて失った状態というのは、人間にとっては衣食住がままならない状態と同じくらい、いやそれ以上の苦痛があるのではないでしょうか。学校でいじめられ、自宅にも居場所がない子どもが、自ら命を絶ってしまう。そんな悲しい事件を耳にするたびに「この子には学校や家族以外の『依存先』がなかったのだろうか」と、悔しさがこみ上げてきます。

自分にとっての依存先が、家族・友達・仕事・地域・趣味……と、あらゆるものに分散して存在していれば、どこか一つが立ち行かなくなった時でも、その人はその人らしさのすべてを失うことはありません。一本の柱だけで支えられている建物より、複数の柱で支えられている建物のほうが崩れにくいのと同じです。**だからこそ、多様な依存先を持つことが、自分らしく生きることにも繋がるのです。**

私はアフリカで活動している時、さだまさしさんの『風に立つライオン』という歌をよく聴きます。この歌はアフリカのケニアで国際医療活動に従事した実在の日本人医師・柴田紘一郎さんをモデルにして作られたものですが、その一節にこんな歌詞があります。

やはり僕たちの国は残念だけれど
何か大切な処で道を間違えたようですね
（中略）
診療所に集まる人々は病気だけれど
少なくとも心は僕より健康なのですよ

アフリカから戻ってくるたびに、日本の生活はとても便利で、そして快適に感じます。それ自体は素晴らしいことです。便利になっていくことを否定するつもりはありません。**しかし、便利になったからといって、それは誰もが幸せに生きられるわけではありませんでした。**

一人で生きていけてしまうほど便利な社会になったからこそ、新たな問題も生じています。本当の「豊かさ」とはいったい何なのか。アフリカで目にしてきた人と人との繋がりが、私にそう考えさせます。

おわりに

本書を執筆するにあたって、私の頭を悩ませたのが「どの社会問題をピックアップするか」でした。

善意の寄付がもたらす負の側面に始まり、衣服ロスや肉食が引き起こす環境問題、スマートフォンの裏に隠されたアフリカの紛争、そして最後は日本の貧困に至るまで、本書では様々な世界の問題を見てきました。

これらの問題をピックアップしたのには、大きく二つの理由があります。

一つは、私がユーチューブで扱ってきた数ある動画の中で、視聴者からの反響が非常に大きかったこと。

特に「迷惑な寄付」や「紛争鉱物」といったテーマは、私の動画を通じて初めて知った方も多かったようです。もっと掘り下げた解説をしてみようと思い、本書で取り上げることにしました。

もう一つの理由は、自分の生活との〝繋がり〟を比較的感じやすいテーマであること。

社会問題を「どこか遠くの世界の出来事」ではなく「私の生活の延長線上にある出来事」として捉えてほしい。そんな思いから衣服ロスや肉食、さらには日本の貧困問題について取り上げました。

しかし、残念ながら本書で扱うことができたのは、言ってしまえば「氷山の一角」に過ぎません。まだ世の中には、数えきれないほどたくさんの社会問題が存在しています。

では、数多ある問題のうち、最も深刻なものはいったい何なのか。全人類が一丸となって取り組まなくてはいけない、真に脅威のある問題は何なのか。

そのような質問をされたとしたら、私はこう答えます。

「最も深刻な社会問題は、人々の無関心です」

私は第４章で「本当に大切なのは関心を持つことではなく、関心を持ち〝続ける〟こと」と書きました。

たまたま本屋で目にしたり、たまたま誰かの、もしくは何かの紹介で本書を知ったりして、読み始めてくれた方も多いかと思います。

社会問題というのは、多くの方にとっては難解で、そして退屈なテーマです。それにもかかわらず、あなたは「おわりに」まで読み進めてくださいました。本を書いた筆者としては、この上ない喜びです。

でも、残念ながら人間というのは、忘れていってしまう生き物です。せわしない日々の生活の中で、世界の問題に関心を持ち〝続ける〟というのは、非常に難しいことではないかと思います。

この本を読み終えたら、ぜひ外を散歩してみてください。そこには、いつもと何ら変わることのない景色が広がっているはずです。

ついさっきまで考えていた社会問題なんて、まるで存在すら感じさせないかのように。

でも、あらゆる社会問題というのは、人々に「問題」として認知されることで、初めて社会問題になります。逆に言うと、誰からも関心を持たれていない限り、それは存在していないことと変わりないのです。

だからこそ、私は「人々の無関心」というものが、最も深刻な社会問題ではないかと思います。

「チンパンジーも道具を使う」という世紀の大発見をした動物行動学者であり、87歳の環境保護活動家としても知られるジェーン・グドール氏が、このような言葉を残しています。

「私たちの未来を最も脅かすものは、無関心である」

社会問題を知った人が、「私たちの未来」のために最初にできること、それは周りの人に伝えることです。一つでも二つでも構いません。この本を読んで印象に残ったことを家族や友人に伝えてみてください。それは自分自身が関心を持ち続けることにも繋がるはずです。

私も、「私たちの未来」が少しでも良い場所になるよう、そして「世界を無視しない大人」であり続けられるよう、これからも伝え続けていきます。

謝辞

初の著作『世界を無視しない大人になるために 僕がアフリカで見た「本当の」国際支援』（自費出版）を書いたのは、もう4年以上も前のことです。

本書の執筆は、私にとって非常にチャレンジングな取り組みとなりました。

今作のテーマは私自身の活動についてではなく、世界や日本が直面する社会問題の解説です。長時間自室に引きこもり、貧困や紛争、環境問題といった重たいテーマについて書いていると、キーボードをタイプする手が震え、プレッシャーで心が折れそうになる瞬間もありました。

執筆に充てられる時間も限られている中、私自身の知識不足・経験不足を何度も痛感しました。そんな未熟な私が本書を完成させることができたのは、多くの方の支えがあったからこそです。

第3章「肉食が水不足に繋がる『不都合な真実』」は、環境コンサルタント・舛田陽介さん（株式会社マイズソリューションズ代表取締役）から意見をもらい、いくつかの内容についてはディスカッションもしました。舛田さんとは以前から「環境問題に関心を持つ人が増えるきっかけを作りたいですね」と語り合っていたこともあり、このような形でご一緒することができたのは、私としても非常に嬉しい出来事でした。

第4章「世界最悪の紛争とスマートフォン」は、コンゴ民主共和国の紛争鉱物問題に詳しい東京大学未来ビジョン研究センター講師・NPO法人RITA－Congo共同代表の華井和代先生にご指導をいただきました。最初にお渡しをした原稿は、私の勉強不足が露呈した大変恥ずかしい内容であったにもかかわらず、華井先生は一つひとつ丁寧に、そして優しい言葉でたくさんのコメントをしていただきました。「紛争鉱物という複雑で難解な社会問題を、どうすれば日本の人たちにもわかりやすく伝えられるだろうか」。そんな私の悩みにも寄り添っていただき、先生からのご指導は大変励みになりました。

第6章「なぜ近年、日本で貧困が叫ばれるのか」は、作家の吉川ばんびさんに原稿を読んでいただきました。日本の貧困問題に関して吉川さんが執筆された記事は以前にも拝見したことがあり、いつも「着眼点が鋭い方だ」と感心させられていました。その吉川さんからいただくコメントは、非常に的確かつ当事者に対する配慮や優しさにも溢れており、大変勉強になるものばかりでした。

私が運営する「原貫太のオンラインサロンSynergy」で一緒に活動する鈴木亜香里さん（認定ＮＰＯ法人地球市民の会）、西渕あきこさん（Peace Cell Project）、山田翔慧さん、神保貴幸さんには、第1章から第6章まですべての原稿を読んでいただき、気になった点はトコトン突っ込んでもらいました。ほか数名の有志メンバーにも、何度かチェックをしてもらいました。それぞれ自分の仕事や学業もある傍ら、2カ月以上にわたり並走してくださったこと、とても心強かったです。これからも末永くよろしくお願いします。

『ＦＡＣＴＦＵＬＮＥＳＳ（ファクトフルネス）10の思い込みを乗り越え、データを基に世界を正しく見る習慣』（日経ＢＰ）の共訳者である上杉周作さんにも、すべての原稿をチェックしていただき、非常にたくさんのコメント・批判・修正等をしていただきました。特に第5章は『FACTFULNESS』から私が学んだことを、私の原体験や本書の他の題材と絡めて発展させる形で書いたため、誤った認識をしていないか、上杉さんに重点的に見ていただきました。何を隠そう、私自身が「世界を正しく見る習慣」を意識するようになった最大のきっかけは『FACTFULNESS』を読んだことです。私の人生を変えた一冊であることに間違いありません。その本の制作に携わった上杉さんに監修していただけたことは、この上ない喜びでした。上杉さん、ならびに天国にいる原作者の一人ハンス・ロスリングさんにも、心よりお礼を申し上げます。

日頃から私のユーチューブを観てくださっている皆さまにも、感謝を述べさせてください。本書を執筆するにあたり、皆さまから動画に寄せられたコメントを何度も参考にしました。皆さまが私の動画に関心を持ち、そして関心の輪を広げていってくれたからこそ、KADOKAWAの編集者・金子拓也さんから「SDGsや国際問題について本を書きませんか」とお誘いをいただけました。視聴者一人ひとりの「声」がなければ、本書が誕生することもなかったはずです。

そして最後に、大学生の頃からアフリカでの支援活動に携わっていた私を、きっと日本から心配していたにもかかわらず、ずっと見守り続けてくれている母と父に、心からの「ありがとう」を伝えさせてください。二人に注いでもらった愛を、私を育ててくれた社会に少しでも還元できるよう、これからも精進していきます。

読者の皆さま、最後の最後までお付き合いくださり本当にありがとうございました。またユーチューブのほうでも、お会いできたら嬉しく思います。

2021年10月吉日

フリーランス国際協力師・原貫太

主要参考文献

本書を執筆するにあたって主に参考にさせていただいた文献一覧を紹介しています。
その他の参考文献や事実・データの参照元は、本文中の注釈をご確認ください。

小川真吾『ぼくらのアフリカに戦争がなくならないのはなぜ？』（合同出版）

映画『ポバティー・インク〜あなたの寄付の不都合な真実〜』

仲村和代、藤田さつき『大量廃棄社会 アパレルとコンビニの不都合な真実』（光文社新書）

映画『ザ・トゥルー・コスト 〜ファストファッション 真の代償〜』

志葉玲『13歳からの環境問題』（かもがわ出版）

映画『Cowspiracy: サステイナビリティ（持続可能性）の秘密』

落合陽一『2030年の世界地図帳 新しい経済とSDGs、未来への展望』（SBクリエイティブ）

米川正子『世界最悪の紛争「コンゴ」―平和以外に何でもある国―』（創成社新書）

華井和代『資源問題の正義 コンゴの紛争資源問題と消費者の責任』（東信堂）

華井和代「コンゴ民主共和国における紛争資源問題の現状と課題」（『国際問題』2019年6月号〔公益在財団法人日本国際問題研究所〕）

ハンス・ロスリング他『FACTFULNESS（ファクトフルネス）10の思い込みを乗り越え、データを基に世界を正しく見る習慣』（上杉周作、関美和訳、日経BP）

白戸圭一『アフリカを見る アフリカから見る』（ちくま新書）

橘玲『無理ゲー社会』（小学館新書）

マイケル・サンデル『実力も運のうち 能力主義は正義か？』（鬼澤忍訳、早川書房）

石井光太『世界「比較貧困学」入門 日本はほんとうに恵まれているのか』（PHP新書）

原 貫太（はら・かんた）
1994年生まれ。フリーランス国際協力師。早稲田大学卒。
フィリピンで物乞いをする少女と出会ったことをきっかけに、学生時代から国際協力活動をはじめる。これまでウガンダの元子ども兵や南スーダンの難民を支援してきた。大学在学中にNPO法人コンフロントワールドを設立し、新卒で国際協力を仕事にする。出版や講演、ブログを通じた啓発活動にも取り組み、2018年3月小野梓記念賞を受賞した。大学卒業後に適応障害を発症し、同法人の活動から離れる。半年間の闘病生活を経てフリーランスとして活動を再開。ウガンダのローカルNGOと協働し、北東部で女子児童に対する生理用品支援などに従事。他にも講演やブログ、YouTube、オンラインサロンの運営にも携わるなど、「フリーランス×国際協力」という新しい働き方を追求している。
著書『世界を無視しない大人になるために』。

あなたとＳＤＧｓ《エスディージーズ》をつなぐ「世界《せかい》を正《ただ》しく見《み》る」習慣《しゅうかん》

2021年12月16日　初版発行
2024年５月10日　６版発行

著者／原《はら》 貫太《かんた》

発行者／山下直久

発行／株式会社KADOKAWA
〒102-8177　東京都千代田区富士見2-13-3
電話　0570-002-301（ナビダイヤル）

印刷所／大日本印刷株式会社

●お問い合わせ
https://www.kadokawa.co.jp/（「お問い合わせ」へお進みください）
※内容によっては、お答えできない場合があります。
※サポートは日本国内のみとさせていただきます。
※Japanese text only

定価はカバーに表示してあります。

ISBN 978-4-04-605554-5　C0030
JASRAC 出 2109575-406